大展好書　好書大展
品嘗好書　冠群可期

大展好書　好書大展
品嘗好書　冠群可期

宗教・數術②

轉世、前世占卜

劉名揚 編譯

大展出版社有限公司

前言

人為何而生？又該怎麼生活呢？

這個根本的人生問題，自古就被許多賢者談論著，有的人從倫理的立場來討論，有的人則以哲學或宗教的觀點來探討，就這樣，許多獨特的見解出現了，震撼了我們的心。

在此，且讓我們換一個角度，試著從神祕學的立場來探討這個問題吧！

根據神祕學的觀點，人類是透過轉世輪迴，得到靈魂進化而存在的。而我們便是因此而生，為此而活。

古代的神祕學學者們，為了促進所謂的靈魂進化，於是集其睿智，寫成了一些類似「旅遊指南」般的，用來指點我們如何去探究其奧祕的指導手冊，那就是今日所說的「占星術」。

占星術它只不過是占卜的一種，我們不該妄想要利用它來幫助我們追求物質的享受，雖然，或許運用占星術可以使我們獲得成功或變得更富有，但是，從轉世的觀點來看，這些事是毫無價值的。因為，這一切不僅不能使我們精神昇華，反而將使我們的心靈變得空虛。

所謂的靈魂進化，所指的當然不是身上具有超能力，或是能夠看到一些奇妙的幻象，也不是說要過著異於常人的生活。

它的意義是說，我們必須使我們的靈魂，以一種真實的姿態，而真實地生活著。靈魂的本質，是愛、體諒，以及自由而不受束縛的感覺，且能與天生萬物和平共存著。我們希望能使真實靈魂的光輝，在這世界上綻放光芒。

轉世占星術是以靈魂進化為目標而產生的，他主張今生的命運操縱在自己的手上，人不會因為前世所做的壞事而導致今生的不幸。轉世這個問題，它是比我們所想像的還要更深遠，而且更為動人。正因為得知了這個秘密，使我們了解人在世間的意義，也因此使我們在如何生存的這個問題上，得到一個確切的方向。

因此，藉由本書，讀者將會得到以下的暗示：

一、你的前世——前世過著什麼樣的生活？又學了些什麼？

二、你的性格和才能——你沿襲了那些前世的特徵？你在今世的課題和使命。

三、你的命運——今生你將經歷什麼樣的命運？而你將從中得到些什麼？

四、你的人際關係、戀愛和婚姻——你將與什麼樣的人相遇？又將從他（她）身上學得什麼？

雖說懷疑占卜的人是不智的，但盲從的人是愚蠢的。我自信本書具有相當的準確性，但占卜它只是暗示其可能性罷了，並不是宣判了你的命運，我們應以此為參考，而不該盲目的遵從。

我們如果能夠從這樣的觀點來利用這本書，你將會得到更具意義的人生啟示。

人類的意識，一直在急速的轉變著，以感覺物慾享受的物質主義，或著重於表面的精神主義色彩即將褪色，而全新的人類將會誕生。這些人將會使目前腐敗、混亂的社會健全起來，並使它永遠如此的生存下去。他們不會被這個社會所影響，而能堅定愛、真實、純潔的生活態度。

本書就是為了祈求這種生活方式的人，而著手寫成的。

目　　錄

根本加克拉火星……一〇五
活性加克拉土星……一〇七
活性加克拉太陽……一〇八
活性加克拉金星……一〇九
活性加克拉月球……一一〇
活性加克拉水星……一一一
活性加克拉木星……一一三
根本加克拉土星……一一四
活性加克拉太陽……一一六
活性加克拉金星……一一七
活性加克拉月球……一一八
活性加克拉水星……一一九
活性加克拉木星……一二一
根本加克拉太陽……一二三

活性加克拉金星……一二四
活性加克拉月球……一二五
活性加克拉水星……一二六
活性加克拉木星……一二七
根本加克拉金星……一二八
活性加克拉月球……一三〇
活性加克拉水星……一三一
活性加克拉木星……一三二
根本加克拉月球……一三四
活性加克拉水星……一三六
活性加克拉木星……一三七

第四章　認識命運　為了提升你靈魂的進化，何種經驗是必要的呢？

轉世之前，為自己訂定命運計畫！……一四〇

目　　錄

解析你今生的命運……一四五
根本加克拉火星……一五一
活性加克拉土星……一五三
活性加克拉太陽……一五四
活性加克拉金星……一五五
活性加克拉月球……一五七
活性加克拉水星……一五八
活性加克拉木星……一五九
根本加克拉土星……一六〇
活性加克拉太陽……一六二
活性加克拉金星……一六四
活性加克拉月球……一六五
活性加克拉水星……一六六
活性加克拉木星……一六七

根本加克拉太陽……一六九
活性加克拉金星……一七一
活性加克拉月球……一七二
活性加克拉水星……一七三
活性加克拉木星……一七四
根本加克拉金星……一七六
活性加克拉月球……一七八
活性加克拉水星……一七九
活性加克拉木星……一八〇
根本加克拉月球……一八二
活性加克拉水星……一八四
活性加克拉木星……一八五

第五章　了解人與人之間的關係

探究你在現世所存在的關係

冥冥中早已註定的人際關係……一八八
靈魂究竟是從那來的呢？……一九四
在現世中透過人與人之間的關係使靈魂進化……一九六
根本加克拉火星……二〇二
活性加克拉土星……二〇四
活性加克拉太陽……二〇五
活性加克拉金星……二〇六
活性加克拉月球……二〇七
活性加克拉水星……二〇九
活性加克拉木星……二一〇
根本加克拉土星……二一一
活性加克拉太陽……二一三
活性加克拉金星……二一四
活性加克拉月球……二一六

活性加克拉水星……二一七
活性加克拉木星……二一八
根本加克拉太陽……二一九
活性加克拉金星……二二一
活性加克拉月球……二二三
活性加克拉水星……二二四
活性加克拉木星……二二五
根本加克拉金星……二二六
活性加克拉月球……二二七
活性加克拉水星……二二九
活性加克拉木星……二三一
根本加克拉月球……二三二
活性加克拉水星……二三四
活性加克拉木星……二三五
後序……二三七

第一章 轉世占星術

為瞭解前世而做天體加克拉圖

證明了輪迴轉世的驚人例子

人世就好比是一個小小的宇宙，了解它就等於了解了宇宙，而了解宇宙就等於了解了人的生命。

就像太陽有起有落，月亮有圓有缺一樣，而人也有生與死。也就像永遠而無限的宇宙一樣，人的生命也是永遠而無限的。

人即使死去，也能以靈魂的姿態存在於這世界上，但不久，他又將重新誕生。輪迴轉世的這種想法，在未獲得許多支持者之前就已經存在的。根據美國巴吉尼亞大學的伊昂・史蒂文生教授的科學研究調查結果，發現了具有相當衝擊性的轉世事例。

有一名年幼的小孩，有一天突然說出自己是鄰村某家的孩子等等的話，他的雙親勉為其難地帶他去那個村子，那小孩照理來說應不曾去過那兒，而他卻似乎非常熟悉地走在那村裡，而他也找到了他所說的那個家，然後對著那家的人喊著「爸爸！

媽媽！」他又撫摸著放置一旁的玩具，口中說著：「這東西是我的！」而據說，那個家確實在數年前死了一個孩子，而那個玩具正是那死去的孩子最喜歡的玩具。

像這種「投胎轉世」的例子，史蒂文生教授收集了不下數千個，再以科學家冷靜的眼光，刪去有疑問的以外，不被承認是「投胎轉世」的案件僅剩二十件，這是根據一九六六年美國心靈科學協會會報中曾發表過的有名報導而得知的。

史蒂文生教授又繼續進行調查，又發現了許多「投胎轉世」的例子。於是「輪迴轉世」既不是迷信，也不是宗教上的幻想，而漸漸被認為是一種「事實」了。

伊昂・史蒂文生教授

在此，讓我們再介紹一些有關轉世的具體例子吧！

一個住在美國・俄亥俄州，名叫羅美・葛莉絲的三歲小女孩，才剛會開口說話，就說著自己前世的事情，她說自己是叫做喬・威利阿姆茲，有一個妻子名叫希拉和三個小孩，而自己是在機車事故中喪生的。除此之外，她還說她所住的房子是用紅磚築成的，母親右腳殘廢，喜歡藍色的花，因自己不小心引起了火災，使母親燙傷了手。這些事情，她都據實地且詳細地敍述出來。

她的雙親，起初以為只是小孩子的戲言而不去管她，但拗不過羅美的頑強，最後還是帶她去那離查魯士城二百三十公里遠的地方，也就是她前世所住的地方。

結果，那裡確實有個叫喬•威利阿姆茲的家，但那個家是白色的，不是什麼紅磚砌成的房子。可是當他們去問住在這個家的喬的母親時，她說這個家以前確實是用紅磚砌的。除此之外，那位母親的右腳殘廢，喜歡藍色的花，以及說到因兒子的不小心引起火災，使得手被燙傷的事，都在在證實了羅美所說的話。

喬•威利阿姆茲，出生於一九三七年，曾和一名叫希拉的女子結婚，有三個小孩，一九七五年在一次機車事故中喪生，也就是羅美出生的前二年。

羅美的母親感到十分的困惑，而說了以下的話：

「真不知道該怎麼說才好，這孩子又沒說謊，這件事是真的。」

接下來，再讓我們介紹一個有趣的投胎轉世的例子。一個曾說過不相信投胎轉世的男子，就有個真實的投胎轉世的故事。

一個住在阿拉斯加，名叫威利恩•喬治的漁夫，有一次這樣對兒子說著：

「如果真有投胎轉世這回事，來生就讓我做你的兒子吧！」

而且他說現在的他，左肩和前腕有痣，將來出生的孩子也有的話，那大概就是他投胎的。他還把金手錶給了他兒子，說如果真的轉世投胎，我會取回它。

在做了這個約定之後，不久，威利恩死在海上，兒子的妻子則在九個月後產下一名男嬰。

就像父親所說的，那男嬰左肩和前腕有痣，孩子慢慢成長，他的神色、體態，連走路的樣子都像極了威利恩。有一天，他偶然看到金手錶時，竟拿起它說：「這是我的喲！」

這個兒子便相信這孩子是他父親投胎轉世的，而把他取名叫威利恩•喬治•朱尼亞。

以上這些投胎轉世的例子，絕對不是胡亂吹噓、空穴來風的，這些都是經過嚴密的科學調查之後被發表的真實事例。

透視及研究前世的艾德昂・凱西

另一方面，使用靈異的能力透視前世並調查研究的人也有。其中可以做為代表的，就是「能催眠的預言者」艾德昂・凱西（一八七七～一九四五年）。

凱西出生在美國肯塔基州的鄉下，是一個貧窮農家子弟，因此，沒有受過良好的教育，說起來是個毫無學問的人，但他卻是個擁有純潔、溫柔的虔誠基督徒。

二十一歲的時候，因罹患咽頭炎，為了治療而使用了催眠療法，也因此開啟了他異於常人的才能。他在催眠中才剛說如何治好自己的病的方法，又以高度的醫學知識為根據而指示其他病人的治療方法。

這種他應該沒有的知識，連凱西自己想來都非常地驚異。更絕的是，按照他指示去治療的話，當真醫好了許多當時醫學界束手無策的病。

此後，凱西確信了他透視前世的能力。他的這個能力被稱做「生命的指導」，大約可舉二千五佰個案例。

在此，讓我們看看他的例子吧！首先，是個十歲少年的例子（『轉世的祕密』吉娜・莎蜜拉著）

這個少年從出生以來就一直苦於夜尿症，從來沒治好過，起初用精神療法，最後試過了所有的方法都依然無效，到了十歲還每夜尿濕床單，使他及他的雙親都感到十分的苦惱。

透視的結果，若要說那個少年的前世必須追溯到魔女審判盛行的時代，他在那時雖是一個福音傳道師，但對人卻極為嚴苛，是個沒有寬容心的人，所以率先使用一種酷刑，就是把被懷疑是魔女化身的人施以「浸椅刑」。

那是當時盛行的一種拷問方法，就是把被懷疑是魔女化身的人綁在椅子上，浸泡在水裡，使他招認自己是魔女化身的殘酷拷刑，直到死之前拷問都持續著。因為

艾德昂・凱西

如果是魔女的話，即使被浸在水裡也不會死的。然而，就算招認了，結果是用別的方法來處死刑。也就是說，只要被懷疑了，要證明自身的清白是不可能的。

這個少年的前世，做了那樣的事，所以今世才會有夜尿症的。

當然，反過來說，因前世所做的好事，而招來今世幸福的例子也有。

有一名住在紐約的模特兒，因為有一副非常姣好的臉蛋，所以一直是化妝品廣告、寶石廣告爭相挖角的對象。透視的結果，那名模特兒前世原來是個修女，有著犧牲奉獻的心，為了別人，即使是多麼令人討厭的事，她都樂意去做。所以，她今世所展現出的肉體上的美，是因為她前世做了許多好事所致。

由以上的例子看來，我們可以知道，自己一定會為自己所做的事付出代價的，原則上，如果做了好事，就會有好的命運，如果做了壞事，就會有不好的命運。

這種因果報應的作用叫做「卡魯嘛法則」，卡魯嘛是印度的文字，是「行為」的意思，也就是說，人的行為創造了自己的命運，就是為了這個緣故，我們才不斷地「轉世輪迴」的。然而，咀咒自己命運的人也有，真正的原因，應該是說因為那是自己過去所造成的吧！

但是，並不是每一個該遭報應的人都會遭到惡報的，即使前世做了壞事，在今世也有可能改變它。為了證實，我們再舉夜尿症少年的例子來看看吧！

凱西教了那少年的母親治療方法，就是在那少年入睡的時候，在他枕邊輕輕地說一些話。所謂的暗示療法，不是像最近所流行的那種告訴他一些加強自信的話，或是告訴他「你的夜尿症已治好了」等的話。其實，這只要一些訣竅就可以了，那麼究竟是什麼暗示呢？

那就是以下所說的：

「你是個既親切又出色的人，你造就了許多人的幸福，你幫助了所有和你交往的人，你是個既親切又出色的人。」

這樣一來，不可思議的，十年不曾治好的夜尿症，就在那天晚上突然停止了，而且，不再發生第二次。

從此以後，那個少年有著非常寬大的胸襟，包容他人，並想要去了解為什麼會這樣。把以前器量狹小、冷酷、不容別人解釋就施以「浸椅刑」的殘酷個性都一一克服了。

從這個富有戲劇性的例子來看，它顯示出在過去所犯的罪可因本人的改善而完全改變過來。這個少年的情形，就是因為他修養了寬容的美德，所以他便從「卡魯嘛法則」中得到了解脫。

接著，我們想想以上的例子，我們不能說是透過「卡魯嘛法則」而來學習「道德」吧！夜尿症少年的情況來說，對他而言，必須具備有「寬容」的德，但，對你來說，或許需要別種德行，所以，當我們欠缺某種德時，「卡魯嘛法則」就會派遣命運的導師來指導我們，這個命運的導師這麼說著：

「如果妳有煩惱的事，就表示你該去學習一些德。」

所以，當你學到自己所欠缺的美德時，那個導師也就完成了使命而離開你了。也就是說，我們解決了困擾，邁向幸福之路了。

我們透過「輪迴轉世」使我們的靈魂得以繼續進化下去，換句話說，為了我們靈魂的進化而要不斷地輪迴轉世。因此，當我們的靈魂學了所有該學的，而進化到極點的時候，已經不須要輪迴轉世，也不用再重新誕生在這世上，而是移往高次元的世界去，也就是所謂的「畢業」。

那麼，我們先來算出在天體構成值中自己的星球吧！照著程序做，很快就可以算出來了。若不清楚的地方，也可以參考範例來做。還有，在讀下面的解說前，請先將第二十九頁的「計算圖表」拷貝一張，放在手邊，以方便記錄。

那麼，就開始說明嘍！

①找出你的天體比例

首先，就是要先知道你的天體比例是什麼。天體比例就是顯示每個天體對你的影響比例的一個數值。

請看第三十二、三十三頁的表(1)，從那裡找你的生日，然後將星座後面所標示的天體比例值，和用日期細分出的天體比例填入計算圖表中。

例① 若是六月一日出生的人，從表(1)可以得知他的天體比例是︹水星5・金星2︺，這就表示水星和金星的影響力是五比二。

例② 若是十一月四日出生的人，那麼他的天體構成值有四個，那就是︹火星5・月球5・金星2・水星2︺。

●天秤座　9月23～10月23日〈金星5・水星5〉

23　25　28　1　4　7 8 9　12　15　18　21　23

月5　月4　月3　月2　月1　火1　火2　火3　火4　火5

月1　月2　月3　月4　月5

●天蠍座　10月24日～11月23日〈火星5・月球5〉

24　26　29　1　4　7 8 9　12　15　18　21　23

金5　金4　金3　金2　金1　木1　木2　木3　木4　木5

水5　水4　水3　水2　水1

●射手座　11月24日～12月22日〈木星5〉

2425　28　1　4　7 8 9　12　15　18　2122

火5　火4　火3　火2　火1　土1　土2　土3　土4　土5

月5　月4　月3　月2　月1

●山羊座　12月23日～1月20日〈土星5〉

2324　27　30　2　5 6 7　10　13　16　1920

木5　木4　木3　木2　木1　水1　水2　水3　水4　水5

木1　木2　木3　木4　木5

●水瓶座　1月21日～2月20日〈水星5・木星5〉

21　23　26　29　1　4 5 6　9　12　15　18　20

土5　土4　土3　土2　土1　金1　金2　金3　金4　金5

月1　月2　月3　月4　月5

●雙魚座　2月21日～3月20日〈金星5・月球5〉

2122　25　28　2　5 6 7　10　13　16　1920

水5　水4　水3　水2　水1　火1　火2　火3　火4　火5

木5　木4　木3　木2　木1

表(1)　天體構成表

●牡羊座　3月21～4月20日〈火星5〉

21　23　26　29　1　4　5　6　9　12　15　18　20

月5　月4　月3　月2　月1　金1　金2　金3　金4　金5

金5　金4　金3　金2　金1

●金牛座　4月21～5月21日〈金星5〉

21　23　26　29　2　5　6　7　10　13　16　19　21

火5　火4　火3　火2　火1　水1　水2　水3　水4　水5

●雙子座　5月22～6月21日〈水星5〉

22　24　27　30　2　5　6　7　10　13　16　19　21

金5　金4　金3　金2　金1　月1　月2　月3　月4　月5

●巨蟹座　6月22日～7月22日〈月球5〉

22　24　27　30　3　6　7　8　11　14　17　20　22

水5　水4　水3　水2　水1　太1　太2　太3　太4　太5

●獅子座　7月23日～8月22日〈太陽5〉

23　25　28　31　3　6　7　8　11　14　17　20　22

月5　月4　月3　月2　月1　水1　水2　水3　水4　水5

月1　月2　月3　月4　月5

●處女座　8月23日～9月22日〈水星5・月球5〉

23　25　28　31　3　6　7　8　11　14　17　20　22

太5　太4　太3　太2　太1　金1　金2　金3　金4　金5

例③ 若是六月六日出生的話，在雙子座裡剛好是最中間的日期，所以他的構成值只有﹁水星5﹂而已。

②算出數祕術的天體

接下來，就要加上數秘術的要素了，就是要替換成象徵你出生日期的天體的過程。

請看到第三十六頁的表⑵，為了算出出生日期和天體的關係，所以請從這裡找出你的出生日期，然後將其相當的天體填入計算圖表中即可，但**各天體的比例值都是3**哦！

例① 如果你是十五號出生的，那根據表⑵，就可得知你的數祕術的天體是﹁金星3﹂。

例② 如果是九號出生的，那就是﹁金星3・月球3﹂。

③把二個天體合併

接下來，把剛剛算出的二個天體值合併成一個吧！如果天體相同，就將其後的數值相加即可，然後填入計算圖表中。

例① 六月十一日出生的人，他的天體構成表的數值是〔水星5・月球2〕，數秘術的天體值則是〔月球3〕。

把二個合併就是〔水星5・月球2・月球3〕，因為月球有二個，所以把它後面數值相加，那就變成為〔水星5・月球5〕了。

例② 二月十三日出生的人，天體構成表的數值是〔水星5・木星5・金星3・月球3〕，數秘術的天體值是〔土星3〕，將這些相加起來就是〔水星5・木星5・金星3・月球3・土星3〕，由五個所構成的了。

④比例值8的操作

最後這個步驟，是如果遇到天體值是8的，才有必要做的。

天體值如果是8的天體，大致可再分為二個，請看三十六頁的表(3)，有記載著哪個天體該怎麽轉換。根據這個表，再好好地檢查你的天體，然後將最終的天體構

表(2)　數祕術的天體

出生日期	天體
1•10•19•28	太陽
2•11•20•29	月球
3•12•21•30	木星
4•13•22•31	土星
5•14•23	水星
6•15•24	金星
7•16•25	水星、木星
8•17•26	火星
9•18•27	金星、月球

表(3)　比例值8

太陽8	同左
月球8	月球3•太陽5
木星8	木星3•土星5
土星8	同左
水星8	水星3•金星5
金星8	金星3•水星5
火星8	同左

成值填入計算圖表中。

關於這個比例值8的操作，是因為太陽和月球、木星和土星、水星和金星各是成對的天體，天體若有過剩的能源則會流入另一個天體，而產生極端相反的性質。例如，一個人原有著強烈的自卑感，相反地就會變得極有自信，因為天體也同樣有著這個性質，所以，這個操作過程是非常必要的。

但是，在這兒希望大家注意的是如果**出現二個相同的天體時，則留下數值大的**。

例①　天體構成值是「月球1•木星3•水星8」的人，根據比例值8圖表(3)的資料，水星可分解為「水星3•金星5」，因此最終的天體構成值是「月球1•木星3•水星3・金星5〕。

例② 像下面的例子，又會變成怎樣呢？

〔太陽4・月球8・水星5・金星3〕

在這兒的月球8，從表(3)看來，可以變為〔月球3・太陽5〕，但是，原本就有太陽4，根據前面所說的「留下數值大的」這個原則，所以捨去太陽4，而取太陽5，最後，這個人的最終天體構成值是〔太陽5・月球3・水星5・金星3〕。

例③ 有時候比例值是8的天體也會有二個的情形，例如〔月球8・木星3・水星4・金星8〕的情況。

這裡月球8可分解為月球3和太陽5，金星8可分解為金星3・水星5，就形成了〔月球3・太陽5・木星3・水星4・金星3，水星5〕，然後可看到有二個水星，取數值大的，最後就變成〔月球3・太陽5・木星3・金星3・水星5〕。

2 尋找占卜前世的加克拉

經過以上的步驟，就可以得知你的天體構成值，希望您再次檢查有沒有錯誤的地方，如果無誤就讓我們進行下面的步驟吧！

①塡入天體加克拉圖

將你最終的天體構成値塡入第四十頁，圖①的「天體加克拉圖」。

在圖中所畫的七個圓圈就是加克拉（譯者註：Cakra 從頭部後面開始，沿著頸部、背部所存在於人體內的生命能源，也就是靈魂中樞）。這七個加克拉和七個天體有相互對應的關係，也可以知道這七個天體使你的哪一個加克拉較為發達，現在就可以把天體構成値塡入相當的加克拉裡。

例　請看第四十一頁的圖②，這個人的天體構成値有木星加克拉（和沙哈斯拉加克拉相對應）、水星加克拉（阿吉娜加克拉）、月球加克拉（威修達加克拉），並且可以判斷這個人的活性加克拉是土星。

（譯者註：活性，化學名詞，物質的分子愈活潑，活性愈大，愈容易與別種物質結合。）（另外，金星加克拉是和阿娜哈達加克拉對應，太陽加克拉是和馬尼普加克拉對應，火星加克拉則是姆拉達拉加克拉。）

其中加克拉的每一個數值，是顯示加克拉彼此之間的力量比例，圖中這個人，月球、土星的加克拉數值是3，而木星和水星的則是5，也就是表示木星和土星這邊擁有較高的能源。

但是，我們待會要說的是愈是下面的加克拉，其能源愈強大。因此，遇到相同數值時，在下面的加克拉的能源比較強。

圖中的這個人，我們就可以判斷他的水星加克拉比木星加克拉強，土星加克拉比月球加克拉強。

②根本加克拉

為了切實了解前世，有必要從天體加克拉圖中找出二個重要的加克拉，首先，就是根本加克拉。

根本加克拉是供應能源給其他加克拉而使其覺醒的主要來源。首先，就讓我們看看您的加克拉圖吧！

在你所填入的天體加克拉中，最下面的是什麼呢？那就是你的根本加克拉。

圖①　天體加克拉圖

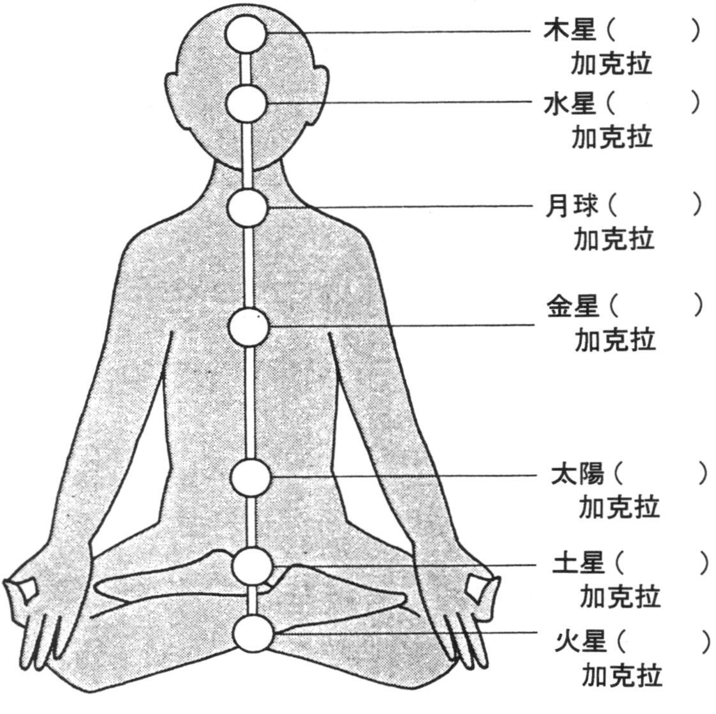

根本加克拉

活性加克拉

圖②　一月二十九日出生的人

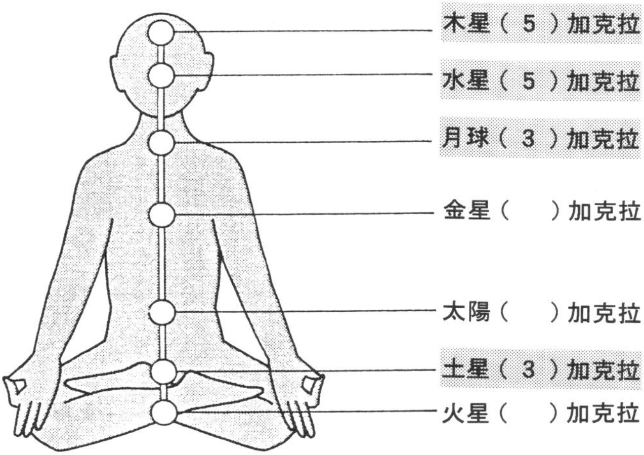

圖③　二月十日出生的人

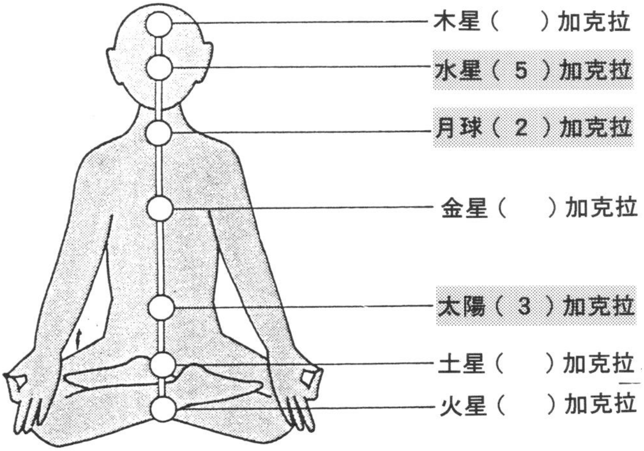

根本加克拉　**太陽 3**

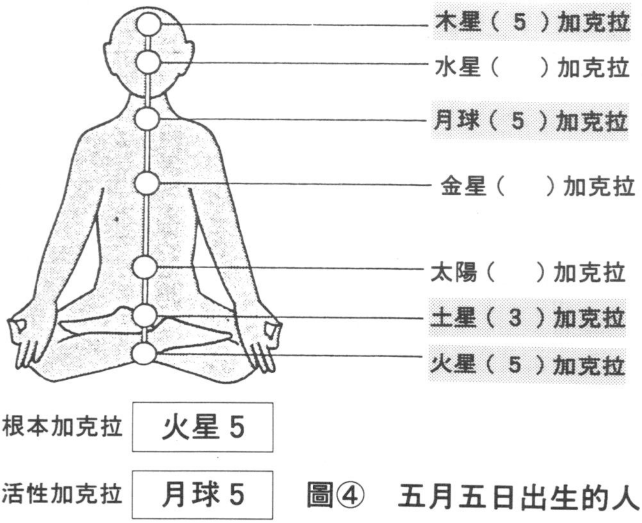

圖④　五月五日出生的人

找到之後將它塡在四十頁圖①下部根本加克拉欄裡。

例　例如〔水星5・月球2・太陽3〕的人，如第四十一頁的圖③，他的根本加克拉是最下方的太陽加克拉，所以這個加克拉就是供應能源給月球加克拉、水星加克拉而使其覺醒的主要來源。

根據瑜伽的理論（譯者註：印度的神祕哲學，以主客觀一致為理想。）一般來說，最下面的姆拉達拉加克拉（火星加克拉）就是根本加克拉，從這有所謂的昆葛理尼的靈魂能源噴出，然後上昇到脊柱，而開啟了各個加克拉。

但是，在占星術裡，假如缺少了火星

加克拉，就由上面的土星加克拉供應能源，使他上面的加克拉活性化。所以如果欠缺火星加克拉的話，其功能就依序由上面的加克拉遞補。

③活性加克拉

所謂的活性加克拉，是指接受根本加克拉的能源，而產生活性化的加克拉。

這個加克拉是除根本加克拉以外而數值最大的。

如果遇到數值相同時，那麼那其中位置在最下方的就是活性加克拉。一般加克拉的通則是愈下方的其能源愈強。

現在，請將您的活性加克拉填入第四十頁圖①的活性加克拉欄中。

例 再看第四十二頁圖④，〔火星5・土星3・月球5・木星5〕的這個人，他的根本加克拉我們馬上可以知道是火星5。

那麼，活性加克拉是位於根本加克拉的上方，其中比例數值最高的是月球5和木星5，但是，月球在木星下方，能源較強，因此，月球加克拉就是他的活性加克拉。

還有，在這個時候，其數值次於活性加克拉的就叫做準活性加克拉。如果又遇到相同數值的話，位於下方的才是準活性加克拉，這個原則是一樣的。

④瞭解你的前世和性格

以上的步驟結束了，接下來，我們就要從根本加克拉、活性加克拉及準活性加克拉來探討我們的前世，讓我們待會兒一塊看看第二章吧！

首先，先把你的根本加克拉那一部找出來，將裡面的解說閱讀一遍，接下來，再根據活性加克拉和準活性加克拉會更詳細地補足前面的說明，這樣一來，雖然是大概，但關於你的前世你就可以漸漸明瞭了。

第二章 了解前世

你的前世過著什麼樣的生活？

如果分析現在的你，就可瞭解前世

首先，我們有必要深入探討我們的前世，為什麼就像凱西指示的一樣，我們現在的狀態，是因為受到前世的行為和生活方式的影響呢？

「為什麼今生盡是做這些痛苦的事啊？」

換做任何人都會這麼想的，但是若要問為什麼，相信如能追溯到前世，就可以明白地知道了。

「我要從事什麼職業，才能充分發揮我的才能呢？」

至於這樣的問題，探求前世也可以有一個明確的解答，因為這個才能是你前世修習得來的。被稱為神童的莫札特，據說只要聽過一次音樂，就可將那首曲子的譜寫出來，像這樣的音樂才能，一定是得自於前世所修得的才能。

然而，你今生的性格又和你前世過著什麼的生活有很大的關係。例如，凱西曾記錄以下的案例。

一個在紐約從事推銷員的人，他卻缺少圓滑的處事態度，探討前世的結果是他前世是個探險家，在南非渡過了孤獨的一生，這也就是他缺少圓滑態度的原因。

一個住在美國俄亥俄州的醫生，有著高超的醫術，但因為他極端的隱遁個性，所以對自己抱著不信的態度，至於他的前世，他是一個為公衆福祉獻身的人，但卻被人評價過低而被輕視，所以他的理想幻滅，有感於人類的無情，使他對自己及別人都無法相信，而將自己封閉了起來。

就像前面所舉的例子一樣，應該可以知道現今的個性是受前世很大影響的。

接下來，我們就根據您現今的個性，預想您的前世吧！

前一章所出現的天體加克拉圖，就是分析您個性的根據。

在這些加克拉之中，最基本的要素就是「根本加克拉」，而在你的個性上最顯著的則是「活性加克拉」，這二個要素可以非常強烈地暗示出你的前世。接下來，我們就來介紹有關前世的解說。

常常有人說自己的前世是某位聖人啦，或是歷史上有名的人物，就我所知道的就有說自己的前世是公主啦，太子啦，或是救世主的人，但是，不管他怎麼認爲，卻也沒有那些賢人的行誼。

像這些人，只是把自己所期望的、想像的投影在自己身上罷了，並不是要追溯自己的前世，他只是為了滿足其野心和表現慾而追求一些虛幻的金錢和名聲。因為如果自己的前世真是如此偉大的人時，是不會這樣輕易說出口的。

瞭解自己的前世，確實是很有趣的事，但是重要的不是只要知道自己是曾住在哪裡的誰，而是自己在前世裡學到了哪些、有哪些缺點。然後根據這些，做為在現世裡一種成長的參考，因為重要的不是過去，而是現在。

請銘記這件事，這樣我們才能再進行前面所完成的天體加克拉圖來占卜你的前世。

以下所寫的前世分析，希望您能邊讀邊想，如果對於我們所寫的分析，有感到很強的衝擊的地方，那正是一語道破你前世的地方。

閱讀的方法，就像前面提過的，先找出你根本加克拉的那部分，讀完之後，再找活性加克拉，如果有準活性加克拉的人，也請將補充的部分閱讀一遍，但是，這時請從活性加克拉開始再閱讀一次。第三章以下也是如此。

根本加克拉

火星

你的前世是非常熱情的且激烈的，可以想像出是充滿緊張及波濤洶湧的生活，和火、刺激、迅速的事物有很深的關係。

所居住的場所是都市的可能性極高，而且是混亂治安不好的環境。在社會上可能是個地位頗高的人，職業可能是政治家、運動家、軍人、革命家、警官、律師、學者、醫師（特別是外科醫生）、演藝人員，或是從事有關宗教事物的職業。

因為這樣，所以你可能是過著競爭、鬥爭般的生活，為了追求名譽和權力，會和對手有激烈的競爭，也可想像出你曾體驗過介於生死邊緣的戰爭，也可能致力於具有競爭性的活動。儘管那是充滿危險和激奮的人生，你仍堅強地生活下去。

也有可能是一個外表極為樸素，而內心對學問、藝術抱有極端熱情的人。也有可能專致於宗教信仰的佈教方面。還有就是曾陷入非常激烈的戀愛而且深深愛著某個人也說不定。但相反的，也可能是懷著非常強烈的敵意和憤怒而生活的情形。

MARS

你透過你的前世養成了熱情、具行動力、積極和勇敢的性格，但，對於控制這份熱情的能力稍嫌不足。

土星 活性加克拉

你的前世是個從事智慧型工作的人，好奇心極為旺盛，所以可能有喜歡玩機械的傾向。因為非常勤勉，在學業上有很優秀的成績，也因此很有可能從事學者的工作，整天關在研究室裡，以研究過日子；或是從事官方性較嚴肅的職業。另外，因為你有著嚴格遵守規定的個性，也有可能從事和法律有關的事或經營管理。

此外，也可以預想出你的前世可能是個鬥爭性的一生，像是軍人、警官等等，是個實際經歷過戰爭的人。和宗教及神祕性的事物有相當密切的關係，前世可能是過著禁欲的生活。

至於戀愛方面，戀愛的次數不多，但心裡卻有著強烈的熱情，當遇到抉擇時，常常難以選擇，苦惱甚多。

你雖然有守規矩、勤勉的優點，但相反的，對他人卻過分嚴格，缺乏寬容、和關懷他人的心，也因如此，你的人際關係並不十分順利，會遇到被中傷、背叛、責備的事情。

你即使覺得被孤立而感到寂寞，但因為你頑強的個性，所以始終不改變自己的態度，就這樣一直下去。但因為你也有耿直的一面，所以還能從知道你優點的少數朋友中得到信賴，這樣的朋友在今生邂逅的機會很大。

除此之外，還有可能是和這個完全相反的情況，你的前世過著傲慢、放蕩的生活，但是，在靈界裡深切地反省，而選擇了在來世過著嚴厲規範自己的生活。

太陽——活性加克拉

你的前世大致可以分為兩大部分。第一、你可能身為一個領導者，統率部下，過著非常有活力的日子，所以你的前世可能是政治家、軍人、社會改革家、某企業的董事長，或者是宗教的教祖、探險家等等。倘若是女性的話，即使不是上述的職業，也很有可能做著像男性一樣十分粗重的工作，還有可能是個舞蹈家、歌星、演員等等，從事常沐浴在閃光燈下，顯露頭角的藝能事業。

你遇過許多挫折，飽嚐失敗的滋味，但，也因此你嚐到光榮勝利的喜悅。你是個不斷和對手做激烈競爭的人，為了愛而激烈地燃燒自己，有時會有極為大膽的冒險行動。比較起來算是個幸運、成功的人生，是個受世間矚目，知名度極高的人。

但相反地，也有可能因此變得傲慢、自大、喜歡把人置於自己的支配之下，而缺乏體諒別人的心，也因此人際關係的糾紛不斷。朋友很多，敵人也不少，或許還會遇到窩裡反或詐欺的事。

另一方面，你的外表非常樸實無華，內心卻有著對學問、藝術方面的智慧，而且非常激烈地燃燒著自己的熱情。所以現在的你，擁有這些才能的可能性相當高。擁有獨創的思想，開創新的學說和新的藝術境地，並且為這個世界帶進新的價值觀的開拓者。你的前世養成了你朝著自己的意志方向開拓自己的人生的性格。

金星——活性加克拉

關於你的前世，可能在感情上有著極為激烈態度的生活方式。對朋友的友誼十分重視，所以應有許多的好朋友。

你前世必定是個喜愛自然，愛護動物的人，特別喜歡美的事物，熱衷於音樂、繪畫，自己也親身演奏樂器。此外，可能還收集了許多美術工藝品等等，因此，從事類似藝術家工作性質的可能性非常高。而且，因為自己過著史無前例、破天荒的生活方法，所以，你的人生可說是起伏激烈、波濤洶湧，也因此心裡面苦惱的事很多。

另外，也可能非常熱衷於哲學或宗教。追求精神層面的昇華，而過著虔誠信仰、求道的生活。然而，因為狂熱的信仰，而致力於佈教活動，或者也曾體驗過靈性的事蹟。雖然也有從事學術性探求的人，但與其說只單單探求理論性的，倒不如說他在社會上和人的心理上種種有關的學問方面都非常活躍。

除此之外，也有可能是非常活躍的企業家，如果是這種情況，你可能累積了許多財產，當然拿這些錢來支援慈善機構的人也有，但其中也有人因過分貪婪而變得高傲，而過著無情無義的日子。沉溺於感官上的快樂，享盡山珍海味及不正常的異性關係裡，將自身置於放蕩的生活之中。

你雖在情感豐富上有著很大的優點，但相反的，卻使自己的情感流於放蕩。

月球——活性加克拉

你的前世可分為兩個十分極端的情形，可能是一位出類拔萃、傑出的人物，一方面，也可能是個對人漠不關心的人。儘管如此，你的一生也是充滿坎坷的。

你的職業是涉及多方面的，和人對立、抗爭的事有豐富的經驗，所以，前世是政治家、實業家或軍人的可能性很高。一生的起伏相當大，不但經歷過人生的最高峰，同時也經歷過人生的低潮谷底。

整體來說，你的一生有好的社會地位和豐厚的經濟能力，但也因為如此，有的人會濫用權力，沉緬於放蕩。你欠缺嚴以律己，朝目的冷靜向前的態度，死後，在靈界若有為前世的行為做深切的反省，那麼在今生的你，內心將是十分痛苦，或積極參加慈善活動。

另一方面，你也可能因醉心文學、藝術、學術和宗教而疲於奔命，也就是說，精神生活的層面是相當充實的。但是，若今生的你，精神生活是非常冷靜的話，那麼，你前世是個人人羨慕、出類拔萃的人物的可能性很大。但是，像這樣僅朝精神方面發展，往往因過分狂熱而變成脾氣怪異的人，精神上的困擾很多。

你的前世，從上述的事情中，養成你優異的感受性和具有深刻的精神思想及創作力。

水星——活性加克拉

前世的你有著多采多姿的生活，從事過各種不同的工作，整體來說，智慧方面非常活躍，是個變動多、波折多的人生，可能從事像技術員、實業家等等，和社會有直接密切關係的職業。而且，你所生存的時代是個充滿混亂的時代，因此，必須臨機應變，隨時處理突發狀況。

你也因為在這樣一個混亂的時代裡，可能時常轉換工作，而且做事總是草草了事。旅行的經驗很多，遇過各式各樣的人，有各種不同的經驗，因此也一定會遇到許多危險的事。

此外，曾邂逅許多戀情，這些戀情都可說是激情的熱戀，但這些熱戀，燃燒的時間都很短。因為是個沉浮激烈的人生，所以常在光榮與失敗之間來回穿梭。

交際範圍很廣，人際關係也多采多姿，尤其是和藝術有關的人相當有緣份，如果你今生這些朋友很多，那麼其可信度就不容置疑了。

此外，你的前世也很有可能是外國人，可能是美國、歐洲等國家的人，如果你現在有對上述的國家有很強烈的憧憬，那麼你很有可能就是那個國家的人。

你的前世培養了你智慧性和精神面的特點。

木星——活性加克拉

你的前世經驗是多采多姿的，常常外出旅行、搬家等等，也常常換工作。遇過不少的人，也接觸過許多不同的文化，因為這些經驗而使你的精神方面受了很大的影響。戀愛的次數應是不少，時間也許不是很長久，但，在每次戀愛時都有一份充實感。

屬於這個天體加克拉的人，如果是男性的話，一生都是起伏不平的，或許有因魯莽而遭到危險的經驗，但總算是得以殺出重圍，因為你總是有那令人難以想像的幸運跟著你，所以，即使是今生，也應該會從朋友那兒得到許多的幫助。

通常是過著以藝術、宗教為中心，而精神色彩濃厚的生活。苦惱於人生哲學的問題，可能會為了追求良師而浪跡天涯，或者是過著像僧侶一樣宗教性的生活。為了實現其理想，可能會成為政治或社會運動領袖，或實業家等等，為衆人們貢獻自己的力量。

此外，說話的技巧和文筆相當好，常藉著演講、著書來從事一些啟蒙活動，因此也有可能是牧師，用宣導教義的方式來傳達思想。

但是，相反的，你也可能會不朝正規的軌道行動，而以反社會的方式生活。你欠缺的是控制自己的忍耐能力，以及情感上的平衡感。

土星

根本加克拉

根本加克拉是土星的人，會有特別想要完成靈魂進化的傾向，或者前世曾經歷到一些不愉快和挫折。

你前世的生活可能不太幸運，可能出生在貧困的家庭裡，或是晚年變得生活困

SATURN

苦，在社會上可能從事和法律有關的職業或學術方面的工作。

你的職業就像前面所提的法律、學術方面等等，被要求具有邏輯思考的能力，此外，也可能從事農業、土木建築等體力上的勞動工作，是個辛苦的人。

通常很少和別人有心靈上的交流，有孤獨生活的傾向，也有的人沉溺於肉慾上的放蕩，倘若現在的你是過著禁慾生活的話，就很有可能是這種情況。那是因為你的靈魂反省之後，在今世所做的改變。

另外，也有的人，不管怎麼努力，仍然有遭遇挫折而感到失望的經驗，或是和他人起爭執的情形。

太陽 活性加克拉

你的前世是個非常熱心、勤勉的人，有著很大的野心，且不斷地努力，但常常遇到阻礙、挫折，嚐過人生的光榮與失意，是個起伏不平的人生。

雖然如此，在職業上卻有不錯的地位，在團體中是個指導者，有優秀的能力，但卻因為傲慢而欠缺關懷部屬的愛心，也因此在人際關係上遇到許多困擾，會遇到敵手，或是自家人窩裡反的情形，也會和家族的人有摩擦而不順利。

整體來說，你的前世是充滿勞苦的，但，雖然如此，也有著多次的成功，而確立了你輝煌的地位。

另一方面，你可能活躍於學術界，而不像前者過著那麼嚴酷的生活。不管是科學、技術、文藝、藝術等領域，你都可能有留下獨創的業績，也有可能是個受世間注目、知名度高的人。但有愛和人爭辯的壞習慣，且傲慢、不夠謙虛，因此你的人際關係摩擦不斷，常常苦惱於被孤立的寂寞感。

藉著你的前世，可知道鍛鍊了你才智敏銳和具領導的能力。

金星——活性加克拉

你的前世因為質樸、勤勉，所以算是比較平穩順利的人生。有責任感所以博得他人的信賴；溫柔敦厚但卻堅持自己的原則，所以到了晚年常是部屬們所欽羨的對象。如果是女性，也是愈年長愈被人敬愛的。但是，就是這樣而會變得頑固，而為周遭的事所困擾。

經濟上是很豐厚的，但可能會因詐欺、或法律上的麻煩而使這些錢突然失去，而產生悲劇。一般來說，年輕時若貧困，晚年就會富裕，或者，年輕是富裕，晚年就會變得貧困。也有的人因為有了富裕的環境，所以就吃喝玩樂、非常放縱自己，酗酒、享美食、沉溺於異性之間的歡樂，貪慕錢財。

你缺乏以理性來控制自己的情感，但你會在靈界裡反省以前的生活方式，而在今生裡熱心於慈善活動，過著極端禁慾的生活。

另一方面，你的前世很有可能和藝術、宗教、精神方面有很大的關係，整體來說，是非常平穩、和諧的，但因為你稍有難以親近的一面，所以，人際關係的問題很多，可能被疏遠啦、被欺騙等等。另外，家庭裡的問題，也是令你十分頭痛的，尤其是對於你的另一半及孩子，通常你會為他們操許多心。

從上述各點看來，你的前世在愛情、勇氣、忍耐上，學到了運用豐富的感情。

月球——活性加克拉

你的前世強烈地傾向精神面的發展，和藝術、宗教有相當的關係，倘若現世的你，擁有這方面的才能的話，那麼這種可能性就相當高了。也可以看出你的前世可能是從事作曲、樂器的演奏家等等的音樂家，或是繪畫、設計方面的工作。

但與其說你是單純地信仰宗教，倒不如說是在做靈魂的修行，如果你現在對事物有很強的靈感的話，那這種可能性就很大了。

經濟環境還算不錯，但與其說是很會賺錢，倒不如說是儲蓄而存下來的，也因此會有點兒吝嗇，然而放蕩的人也有。如果你的靈魂有反省的話，今生就可以看出過著非常禁慾的生活。

你的人生整體看來，多多少少有些變動，例如，受到權力或壓力的虐待，受到不平等的對待等等。或者也有可能是加害者。

可能也曾遇過家中慘遭不幸的事。朋友說多也不多，說起來可算是有孤癖的傾向。因興趣相投而合得來的朋友很少，但，在今生相遇的可能性極高。

水星——活性加克拉

你的前世，使你的感受性和靈感上有相當高度的發展。

你前世的工作和你的智慧有關，或者是有激烈變動而多采多姿的工作。可能致力於像是學者、技術人員、文學家、哲學家等等，範圍很廣且具智慧性的工作，也有可能是商人或實業家。如果是專門研究一個問題的人，也很有可能就順著自己的興趣，到處換工作，也有人會同時做很多件工作。

但是，這麼做的結果是做什麼都半途而廢，或者是為了做一件事，而將所有心力集中在那件事上，但卻無法平衡另一方面的生活。終其一生可能都過著不安定的生活。旅行的機會很多，所以也從旅行中知道了各種不同的文化，並修養自己。

但是依然不算是一個穩定的人生，可以說你的前世充滿了障礙和苦難，而從中你也學到了如何隨機應變的能力。和別人常有不和或爭吵的情況。此外也有因為權力的鬥爭而受到別人的迫害，或者你迫害別人的情形。

另一方面，也有可能專致於學術方面的研究，而不像前者那樣過著波瀾洶湧的人生。因為你非常熱心，所以比較容易成功，但也因好與人爭論，所以人際關係並不十分良好。

從你的前世看來，可以知道你有著相當卓越的智慧。

木星

活性加克拉

你的前世可能從事勞心的工作，像是全心一意研究一個主題的學者、研究家等等，或者像是古代遺跡的發掘調查等等，到處旅行的工作。

追求專業知識的相反，不和社會失去關係，因旅行和興趣等等而有著豐富多采的經驗。在旅行的途中會有幾次戀愛的故事，但未必會有幸福的結局，而苦於失戀的痛苦。

和藝術、宗教的淵源也很深，但是，因其獨善其身的性格，而且討厭束縛人的教條，所以也有可能是個無神論者。此外，因為思想有非常極端的傾向，所以，有非常激烈地反社會的行動，而給周遭的人添許多的麻煩。也因此會遇到他人的惡意中傷、麻煩事等等的阻礙。家庭的問題也是令你非常頭痛的。可以想像得出你因為任性而沉溺放蕩，還給他人憑添許多麻煩。

你有必要學習平衡、安定自己的情感，但你在這世上可能已磨練出啟蒙智慧、文化價值的才能。

太陽

根本加克拉

你的前世是個幸運的人。可分為二種類型，一種是平平安安地度過一生；一種是積極進出社會而非常活躍的人。

你前世的環境，可能社會地位很高，可想像出是有高尚家世的人。如果現在的你，有著像貴族般穩重的個性的話，那麼這種可能性就愈來愈大了。

另一方面，你總充滿朝氣地過日子，常常旅行，向新的事物挑戰，在社會上活躍的情形也很多，因此，可能是個有名的人物，受到世人的注目因而出名。前世是外國人的可能性也不小。

你的職業是沐浴在鎂光燈下，引人注目的工作，例如，政治家、實業家、藝能界的演員，或者是探險家、發明家等等。可能會受到許多人的欽慕，但相反的，敵人也很多，遇過各種困難，但會因你的意志和幸運使你安全度過難關。

還有，對於學術、宗教、藝術等等的研究非常熱衷，而且獨創一格，這點就十

分符合擁有根本加克拉——太陽的人。

金星

活性加克拉

你的前世有二個極端的傾向，一個是溫柔敦厚，十分平和的；一個則是鬥爭性很強的。如果是前者的情況，你的生活是比較富裕的，而且社會地位很高，即使年輕時貧困潦倒，到了晚年應就會變得富裕。

因善於與人交際，人際關係非常好，曾有過輝煌幸福的戀愛。溫文儒雅、品格高尚，因此得到許多人的敬愛。但，相反的，也有可能過著奢侈的、虛榮心重的日子，而遭到不好的評價。

此外，熱中於繪畫、音樂等藝術方面，及有關物理、自然方面的學問，而且可能會成功，而受到世間的注目，如果現在的你有這方面的才能，那麼這種可能性就很大了。

其次，也有可能不管在那一方面都過著競爭的生活，來往於政治、經濟的權力鬥爭中，而且常和人有紛爭，但你的靈魂若有在靈界反省的話，現世的你就可能是個平和、即使受到危害也不加以抵抗的人。

也有可能從事有關社會改革、人民福祉、和平等的運動，而且是個領導者，又因為有著良好的品格，受到許多人的尊敬，在這種環境裡，難免會遇到一些阻礙，但你一定能克服，不管在任何場合，你都是個知名度很高的人。

你的前世培養了你審美及統御的能力。

月球——活性加克拉

你的前世，表面上很平靜的過了一生，但內心裡卻有很多煩惱。如果是詩人，就會為人生的紊亂而煩惱；如果是藝術家，就會為表現「美」而煩惱；如果是宗教家，又會為了是否會得救而煩惱，因此，你總是無時無刻不煩惱著。

但是，這些煩惱就是你今生擁有豐富感受性的基礎。

你很有可能居住在大自然之中，和「水」有關的事物具有很深的關係，像是湖泊、河流、海、漁業、化學、酒類、生產業等等。而且也可看得出過著和詩、小說等文藝、藝術有關的生活，或者是和宗教、神祕學方面也有很大的關係。

透過小旅行及良好的人際關係，使你自己增廣見聞，學得許多知識，但如果沒有吸取這些豐富的知識，會有意志不堅的傾向，有時會因工作上的不順而煩惱，可能會有一時的貧困，但整體來說是很順利的。

但是，也會遇到家庭方面的問題，特別是孩子，或許令你十分頭痛，但你會從孩子那邊得到許多。

你的前世，主要培養了你體諒別人的心，以及以直覺來進行觀察的能力。

水星——活性加克拉

你的前世是從事有關智慧型的工作，可能提倡新的學說，而留下受世人注目的事蹟，而且可能性最高的方面，是自然科學方面、哲學方面等等的領域。

你做事非常熱心，而且非常努力，所以比較容易成功，但，也因此可能對日常生活有所疏忽，而在家庭上，私人生活方面遇到了一些麻煩。

另一方面，也可能專心致力於宗教上的修行，遵守規則、過著嚴格的生活。但這種行為與其說是心靈的信仰倒不如說是禪、或瑜伽等等理智的行為。也因為你那樣的生活，可以想像出你可能有潔癖。而且過於嚴格而缺乏寬容的心。

一般來說你的經歷是多采多姿的，常常旅行，也因此從那兒學到許多。雖然你常常對許多事情伸出援手，但總是半途而廢。

擁有許多戀愛的經驗，但都不怎麽長久；也會有很多朋友，但也都很快地就分離了，你的運命起伏很激烈。雖度過多次的難關，但還是失敗，也因此常使你困擾不已。

像這樣的前世，培養了你獨特的智慧，和單純的個性。

木星——活性加克拉

你前世有著豐富的經驗，常常到各地去旅行，因此遇見不少人，在思想上受到許多的影響，尤其你很重視朋友，所以你常得到許多朋友的幫助。至於你的工作，你的朋友常給你精神上及物質上的支援，而你也是如此相待。

你的一生不能算是波濤洶湧，但多少有些起伏，如果認為任何工作都充滿幸運且非常簡單的話，那麽就會遇到不管做什麽都不順利的情形，但對你而言應該不是多麼大的打擊，即使遇到危險，也會有意想不到的人伸出援手來幫你。

一般來說，應是活躍於知識性世界的人，但並不是整天關在研究室裡研究的學者，而是過著常和一般大衆接觸的生活，可能是有名的人物，也受到人們的尊敬。但因為是個太過認真的理想主義者，不容易妥協，所以常和周圍的人發生摩擦。

對於限制自由的事情會加以反抗，可能會發起社會運動，如果是這種情形，那麼生活就充滿困難與波折了。你欠缺規範自己的能力，而會隨心所欲做出反社會行為的事情來。

你的前世培養了你廣闊的視野以及充沛的活力。

金星

根本加克拉

你的前世可能是過著自然的田園生活，或者是在比都市閑靜的地方過日子，而且經濟上是富裕的，年輕時或許會貧困些，做著粗重的工作，但，到了晚年生活會漸漸富裕起來。因為這樣的環境，你可能在藝術方面有所成就，倘若現在的你，有

音樂、繪畫方面的才能，這種可能性就很大了。

至於職業方面，則是以自然為對象的工作，像是農業、園藝，或者是有關藝術方面的、或者是公司的經營等等，就算是經營公司，也絕不會是競爭激烈、慌忙地工作，而總是悠悠哉哉地、質樸地做著自己的事情，因此，比較容易成功。

另外，你也可能利用自己的幸運，來傷害他人，或者沉迷於感官上的快樂。相反的，也有可能參與慈善活動，過著出色的生活，或居於領導的地位，受人欽羨。

此外，關於戀愛和婚姻也有許多問題，可能為愛情所傷，或是傷害別人也說不定。

月球

活性加克拉

你的前世可能過著波折不斷的日子。如果你的前世是學者的話，你可能是一個為了追求那未知的世界，而不辭危險的探險家、研究超於常態的現象、向那些被視為異端的未知領域挑戰，事實上，你對於凡是有關於人的「心靈」的事情都有很濃厚的興趣，例如，你和心理學就有很大的淵源。

你做事總是朝氣勃勃地，常外出旅行，擁有各種經驗，偶而也有冒險的事情，可能是個頗具挑戰性的人生，但並不是野蠻，而是為了某種為人的道理。

但是，即使在這麼惡劣的情況下，你仍然有機會學習科學、文學、藝術、宗教等方面的知識，而且非常努力地學習，這些就是今日的你，擁有智慧及思想方面才能的原因。

你可能為愛情的問題深深苦惱過，因為沒有結果的戀情使你受了傷害，或者有多次陰錯陽差的事件，而令你萬分失意，但因為會有決定性的、刻骨銘心的戀情，所以，人際關係對你而言，有其重大的意義及其影響力。

你的前世，培養了你同情他人及體貼別人的心。

水星——活性加克拉

你的前世有些許的波折，但有著多采多姿的經驗，旅行的次數相當多，也和各種不同層面的人交往，過的可能是與衆不同的人生，例如，住在熱帶叢林的深處啦、研究神怪的事物啦、加入祕密性的團體等等，過著不同於一般人的生活。

至於職業方面，你換過很多工作，但主要是智慧性的、藝術性的、和人心理有關的工作，而且你對工作十分地熱衷。但是，相反的，也有人沉溺於反社會的放蕩行為之中，任何事都做得太過分，可能會招致肉體或精神上的疾苦。

倘若你的靈魂有切實反省這種放蕩的生活，你在今生就會有十分保守的個性傾向，而且對所有反社會的新奇事物感到厭惡。

常常有夫婦之間及家庭的問題，使你十分苦惱。此外，你和宗教、神祕的事有關係，而且受它們的影響很大，或許曾熱衷於宗教，但中途卻感到厭煩，而放棄了信仰。經濟能力算不錯的，但曾有驟失財產的事情發生。

藉著你前世的經驗，你加強了朝自己所意志的方向而過著精神面的生活。

木星 活性加克拉

你的前世，有著相當幸福的環境，且過著幸運的生活，因為社會地位蠻高的，所以可能住在發展文化的都市中，也有可能住在安定、自然、閑靜的場所。

這樣環境下的你，有高雅的品格，愛好藝術，不管是工作也好、興趣也好，在繪畫、音樂方面都願實地的去做，如果現在的你，有這方面才華的話，這種可能性就很高哦！你還喜歡收藏藝術品。

有的人滿足於現在的狀況，而過著清靜無為、無憂無慮的生活，但與其說是這樣，倒應該說他們是對人生的問題感到有某些疑問，而去探求精神層面的問題。為了追求理想，常常外出旅行，和哲學、宗教方面也很有淵源。

你接觸過各種不同的事物，其中，你因為接觸一些貧困的人或不幸的人而使你痛心的經驗也有過。而且，你會遇到在精神思想上相當卓越的人，對你而言，可能有如同決定你一生般重大的影響。

累積了這麼多豐富經驗的結果，你開始從事為人類貢獻的和平運動、為人類謀求福祉等等的活動。如果是這樣，你也會有許多支持者，這樣才比較容易成功，這種生活的方式，你在現世裡依然會實行下去。

從你的前世看來，你學到了以博愛、體諒和智慧性的理想為目標，然後熱心做事的心。

根本加克拉

月球

屬於這個類型的人，有著混沌的個性，要料想其前世是比較困難的，但一般說來，應是精神色彩濃厚的一生。

你的前世，生活環境可能比較富裕，即使不是上流社會的人，至少也應是在中等階級水準以上的人。居住的地方可能是閑靜的郊區，不會固定住在一個地方，而會常常變換居住的場所。

至於職業方面，可能從事有關文藝、藝術、教育、福利，或是服務業等等的工作，而且也有若干工作的經驗。此外，也可能從事和宗教、精神方面有關的工作。

你的前世，並不會那麼起伏不定，但卻有多采多姿的變化。此外，你會遇到各種不同的人，也累積各種不同的經驗，而結果是在你自己的內心裡蓄積了多種價值觀，也因此而得到了許多知識，並修養了自己，但卻因不能充分地吸收這些知識，而在精神方面會有許多苦惱，而且，人際關係方面，你會遇到許多厤煩，家庭和孩

子的問題也不少，令你苦惱不已。

水星 活性加克拉

你的前世有著精神色彩非常濃厚的傾向。和所有必須動腦筋的工作有關，是個優秀的人。可能是個科學家，還留下了如天才般偉大的事蹟，或是文學家、詩人而創作了許多充滿獨特想像能力的作品；如果是藝術家，則會有神祕傾向相當強的傑作出現；如果是宗教家的話，可能就是個靈感豐富，能預言未來的人也說不定，是靈媒的可能性很高，也有可能是心理學家、神祕學家或是發明家。

根據以上的敍述，屬於這加克拉的每個人都會有若干經驗，但多傾向於擁有多種的經驗，不管怎樣，這些才華應會在你今生裡綻放出光芒來的。

但是，你的生活有不安定的傾向，工作上的事情，有時順利、有時不順利，曾遭遇若干挫折和阻礙，或許也常換工作或搬家，人際關係方面會遇到一些困擾，偶而有爭吵的糾紛。關於戀愛方面，苦惱甚多，因為多半是自己單戀，所以使得自己非常痛苦。

此外，在其他各方面也會有一些問題發生，所以，你在精神上負擔很大，但也因為你豐富的經驗，使得你在現世裡，在精神人格上，有很好的表現。

木星 活性加克拉

你前世的社會地位頗高，生活環境也相當不錯，有兩位傑出的雙親，住在穩定、著重文化發展的城市裡，因此很有修養。你的興趣是被培養出來的，尤其是對文學、音樂、詩及傳統藝能方面特別喜愛。

在職業方面，倘若你前世是學者的話，成功的機率就很大，研究的範圍應該是精神、心理或人性方面的，和宗教方面的淵源也不淺，有過神祕的體驗。如果是個宗教家的話，很可能會有傑出的表現。

終其一生，旅行的機會很多，使你增廣見聞、修養其身，而且在旅途中，會遇到對你一生影響很大的人或事。

如果你求道的理想和信念是錯誤的，那麼你可能會有反社會的行為。或者，為了讓人們獲得自由，而和當時社會權威做抵抗。你的人際關係不太好，和別人的摩擦很多。你會因為好奇心的驅使，而去做一些你不曾做過的事，此外，也可能有顆體諒他人的心，而積極地參與慈善活動，如果是這種情形的話，你成功的機會就很大。

總之，你在前世裡學到了博愛的精神。

第三章　深知自己的使命與特長

你在現世該學的是什麼呢？

靈魂在靈界中如何進化？

我們在這一章裡，將從轉生輪迴的觀點來探討人的性格與才能。

就如同第一章所述的，我們現在的性格受到前世性格相當大的影響。以下就是個很好的例子。

英國的某個女子，她無論從外表上或性格上來看都十分的男性化。她有沙啞的嗓音，一頭短髮，喜歡男性服裝。我們透視她的前世，她是個喜好冒險的男子漢。

但當我們再往前探究，追溯她的前前世時，我們發現了更有趣的事實。她的前前世仍是女兒身。她是一個被丈夫所拋棄，必須為了生活每天不停工作的女人。由於不斷的勞苦，在她身上自然而然的養成一種男性般堅強不撓的工作習慣。由於那樣的體驗使她轉變成男人般的性格，結果，她的來世就真的轉生為男性。

就像這個例子所顯現出來的結果，現世的性格是由前世繼承而來的。亦即前世的自己與現世的自己，在性格面上幾乎是相同的。

可是我們看看其他的轉世實例得知，也有例外的情形發生，雖然大多數人擁有與前世近似的性格，但絕不是完全相同。或多或少都會有些微妙的變化。

例如前世是個急性子，則現世還是個急性的機率頗大。但是從沉不住氣讓怒氣爆發這件事來看，現世似乎會比前世稍有節制。

亦即，由前世到現世誕生為止，人多多少少會有些進步。到底它是怎樣進步的呢？在此恐怕隱藏著許多關於靈魂進化的關鍵。

因此，接下來我們非摻入前世的死後到現世誕生這段所謂的「靈界」世界不可了。

透過逆行催眠可知死後的世界

得知從死後到再生為止的事實的方法之一是「逆行催眠」。所謂的「逆行催眠」亦即使接受實驗的人處於催眠狀態，不斷地暗示他「你將再回從前」的一種特殊催眠技術。例如，接受實驗的人是大人，你要告訴他「你現在是嬰孩」，且用幼兒的語言來引導他，並要他在襁褓中爬行。然後再暗示他「你現在回到娘胎，回到誕生前的虛無飄渺」。這樣一來，受驗者就會道出他的前世以及靈界的狀況。

加拿大多倫多大學醫學院的J•L•荷伊頓博士即是此「逆行催眠」的權威。這門技術需要相當的熟練度，雖不見得要從所有人的口中得知死後的世界，但荷伊頓博士至今作出了不少實際成績。在以後將提到的靈界以及前世之體驗，皆以荷伊頓博士的報告為基準。

博士的報告指出，人死後會暫時感到不知所措，但不久之後就會體驗到非常崇高幸福的感覺。某位女性對於那時的情景，做了以下的描述。

「當我通過前世的死亡時，雖然恍恍惚惚的，但仍清清楚楚地感覺到自己的身體完完全全改變了。我的身體充滿了整個房間，前所未有的幸福感從四面八方飛奔而來。雖然這樣的感覺源源不斷襲來，但我還是很清楚的知道自己到底是誰？為何而存在？自己在飄渺的宇宙中是居何種地位？這一切對我而言都深具意義，都完全正確。愛真是可以支配一切……。」

拜訪過靈界的人幾乎毫無例外地都有過這種美好的體驗。感覺自己充滿了愛與和平，領悟力也一下子提高許多，許多在人世間無法理解的哲學問題也得以一一迎刃而解。以這個女性為例，她敍述道：「了解自己存在的意義。」此外，也有人看到發展出物理學大發現的數學方程式，以及只有大作曲家才能作出的天籟之音。

但是，除了這樣的體驗之外，也必須接受些考驗。必須回顧自己生前的種種行為，以第三者的立場來看看自己由生到死的種種行為。這時，要是看到自己的善行就會有股充實的幸福感，而要是看到自己的惡形惡狀就有強烈的罪惡感，並受到良心的苛責。根據靈魂學上的文獻記載，大體上做了以下的事情會使人悔恨不已。

「不願拿出勇氣，擺脫惡魔的誘惑去幫助他人，而使人陷於不幸。」

「不願加把勁使人得以脫離險阻得到幸福。」

「不願寬恕別人以利雙方。」

如上所述，因自己的自私自利，不願助人，而使得以重生獲救的人陷於無奈痛苦，這也是會造成自己日後無比的悔恨的。

尤其是因自殺而亡故的人之悔恨，更是有雙重濃烈揮之不去的悔恨。其一是因為自己的死，而使一些需要自己幫助的人失去幸福；其二是靈魂進化上十分重要的陽世經驗，亦隨自殺而煙消雲散。由於陽世經驗不易獲取，必須等待一段更長的歲月才有機會再度投胎轉世。而且必須再度面對前世未完成的難題。

因此，自殺其實解決不了任何問題。生而為人必須有勇氣面對不斷發生的困難逆境。像這種再度回顧前世影像的時間其實不長，但內容卻十分詳細。由於陰間的密度比陽界高出許多，所以在短短的時間裡卻蘊含了豐富的內容。

結束了這個體驗，反省了我們生前行為，如果我們不想把今世的缺點帶到來世去，我們就必須在陰間先把德行琢磨好。

在陰間時也會飛往其他行星

關於陰間的情況，雖然個人的見解不同，但是大致說來似乎是一個被美麗自然所擁簇而成的地方。它有培養道德精神的地方，也有接受其他更進化靈魂指導的地方。此外無論想要什麼東西都可經由集中的意志力求得。例如你想要一部車子，只要你集中意志想像它的樣子，它自然會顯現在你眼前。當然囉！在陰間無論你想到哪兒，只要閉上眼睛集中意志，一下子就可以到了，根本也不須要什麼車子的。

我們的靈魂就是在這樣的狀況下修行向善的。此外我們在陰間修行時，據說也會到其他的星球看看。其實，不只地球才有陰間，其他的星球例如，水星、金星也有陰間，據說那裡也有靈魂存在。地球上的靈魂會飛往其他星球，與其他星球的靈魂一起生活。因為各星球各有其獨自的道德規範，透過與他們交往的這個方式，來達到培養道德的目的。

如前所述，在陰間無論你要到哪裡，只要集中意志，一下子就可到達你想去的地方。在靈界這一度空間裡，地球與其他星球可說是近在咫尺。只是其他星球的靈魂與地球的靈魂在性格上有很大差異。

接下來就讓我們更具體的來探討，各天體的靈魂各有什麼特徵？在我們探討這個問題之前，我們必須先介紹瑞典的偉大神祕學家伊瑪努耶爾•瑞典波爾格（一六八八～一七七二年）。據說，他運用其特異的能力與各天體的靈魂接觸交通。他原本是位科學家，在數學、物理學、化學、天文學、地質學、生物學、解剖學、生理學、磁氣學等各方面都有驚人的成就。當然囉，在神祕學、靈魂學方面，他也堪稱第一把交椅，而使哲學家堪特對他欽佩不已。

例如，有一個夏日，享受旅行樂趣中的他，無意間用他的千里眼「看」了一下他在斯德哥爾摩的家，發現他家附近發生大火，他就說了：「真是危險，不過就在離我家三棟的地方火被撲滅了。」事後證明他的話一點都沒有錯。

瑞典波爾格在他五十六歲那年突然具有靈異能力。天上的天使顯現，他的靈魂飛出了肉體巡行靈界。之後，他曾來回靈界多次。以科學的方法鉅細靡遺地記錄下靈界的情形。其中，在一七五八年，他七十歲那年發表了在水星、木星、火星、土星、金星等靈界碰到的靈魂的樣子。

伊瑪努耶爾・瑞典波爾格

以下，我們就他所見的各行星的靈魂特徵及德行，做一個簡單的介紹。此外，瑞典波爾格雖沒有提到太陽及月球，但他們在占星術上有相當重要的地位，我們也將略加闡述。

這個時候，請同時參照你自己的天體星座圖。例如，你的根本星座是土星，而活性星座是水星的話，你將來到了靈界，很可能會去土星及水星等行星。當然囉！道德也會在前世的生活中養成，不見得只會在那些行星中養成。

★水星的靈界居民

根據瑞典波爾格的觀察報告，水星的靈界居民（靈魂）求知欲非常的強烈。但它們所關心的不是物質或世俗的事物，而是抽象且更實質的概念。它們常常為了尋求知識，而繞行整個太陽系，把所有有價值的東西都記憶下來，以此為傲。但它們不會運用那些知識去創造些有用的東西，它們就只是喜歡儲存知識。

此外，水星的靈魂們溝通能力特別的發達，能很快把自己的意思傳達給別人，而別人的話也能馬上理解，迅速地判斷。

〈水星的特質　分析〉它們擁有多方面的分析，把握理想且機敏的知性、事物之能力。它們客觀、冷靜、能隨機應變而且視野廣闊。但是它們容易見異思遷且隨機行動，所以必須養成訂定目標勇往邁進的習慣。而且因為它們往往較神經質且易受他人干擾，必須常保安定的心理狀態。

★木星的靈界居民

木星的靈界居民擁有非常的正義感。它們對於自己擁有的東西十分知足，不會去壓榨他人以求一己之滿足。善良且公正、不說謊、個性正直耿介。心裡有什麼就說什麼，因此臉部表情十分豐富且自由，一點也不會掩藏自己。臉上常掛著笑容，沉穩溫和、天真樂天，比誰都誠實無欺。

此外，它們最大的智慧特徵即是，能夠巧妙地運用各種事物。它們說：「智慧就是把人一生發生的所有事情都當作是好的而加以活用。」

〈**木星的特質　統合**〉善於找出所有事物的價值，加以統合，使之對自己有利，擁有自由快活樂觀的個性。但是因為性子太急易衝動，必須學習沈著穩健。因此容易隨性所至的生活，必須學習忍耐與自律。

★火星的靈界居民

火星的靈界居民非常的善良且感情豐富。它們十分地注意不使自己為支配慾及利慾所控制。滿足自己所擁有的東西，對自己端正的言行及愛護鄰人等行為感到光榮。它們十分了解支配慾及自私自利的危險性。它們即使統治一個國家，也絕不會為了一己之利而奪他人之所愛，不會為了為人知而行善，也不會為了一己的利益與名聲而為。火星的靈界居民有自卑的傾向。它們往往陷入深沉的思考當中，一旦能從沉思中挺身而出，就會浸身於充滿善與愛的喜悅之中。

〈**火星的特質　熱情**〉活力十足，能夠發揮熱情、活潑、積極、高超的行動力，勇敢地掃除所有障礙。可惜無法控制自己的感情，因此必須學習保持情緒的安定。此外，思想易侷於一隅，深信自己所信，必須培養廣闊的視野及公正的判斷力。

★土星的靈界居民

土星的靈界居民十分地正直謙遜，有時就會顯得妄自菲薄。甚至覺得自己沒有存在的價值。但是一旦有事的時候，它們卻能保持堅忍、確信與平靜。它們想遠離正常的生活，有時甚至認為不如死了算了，手邊有刀子的話真想朝胸口刺下去。當然不是真死囉！但它們以那樣的方法來表現它們堅定的信念。

土星的靈魂一般說來十分地注重現實利益，我們不容易看到它們鋪張浪費。生活簡約，做事有效率。

＜土星的特質　忍耐＞堅忍勤勉堅毅不拔，行事有節度自律嚴謹，慎重且實際地按著計畫一步步地前進。但因較不會體察別人的心情，必須學習擁有更多的感性及柔和性。且由於視界褊狹，想法侷限一隅，須培養更寬廣的視野與多樣化的價值觀。

★金星的靈界居民

金星同時存有兩種完全相反個性的靈魂。一種穩重溫和，另一種野蠻喜掠奪。喜歡奪取他人的東西佔為己有。可是它們很快會遭遇苦難，絕望到底而自我反省。它們會大叫自己是野獸、是該被憎恨詛咒的人。而很快地自己也被解救了，變得溫和穩重樂觀進取。除了這樣的靈魂以外，一般說來金星的靈魂多性情優美敦厚、充滿感情善良仁慈，易於相處。

＜金星的特質　調和＞感情平穩安定且常保均衡，個性敦厚充滿感情愛好和平，有責任感、誠實值得信賴。但想法較固執，必須學習眼界寬廣公平視物。且因行事較緩慢，容易以感情行事，必須培養速捷的行動及臨機應變的能力及理性的判斷力。

★太陽的靈界居民

瑞典波爾格對此雖無記載，但對靈界居民來說居於太陽並非不可能。因為太陽的熱，對不具實體形狀的靈魂來說不具任何殺傷力。

神祕學上說太陽是生命能量之源。因此，可想而知太陽的靈界住民也是充滿活力，且由於居於太陽會養成以下的特質。

〈**太陽的特質　意志**〉對於目標之達成有強烈的信念及不屈不撓的開拓精神和創造性。行事光明正大，具有強烈的正義感。但因想法固執，易顯得頑固，必須學習冷靜地、多方面地分析事情。且因自我本位，不太會考量他人心情，所以必須培養同情心及純真的心。

★月球的靈界居民

雖然關於月球靈界住民的特質沒有明確的記載，但許多神祕學家都認為月球也有靈界居民。根據神祕學的記載，月球是掌管感性、想像力的星球，因此月球的靈界居民也都會擁有那些特質。且由於常居於月球，所以會養成以下的特質。

〈**月球的特質　共鳴**〉感受性強、體貼且具同情心。情緒化但具柔情的和平性格。協調性強，有包容力。但易受周圍環境影響，獨立性不足。因為容易隨性做事，必須養成自我規範，縝密思考的習慣。此外一貫的意志更是不可或缺的。

具備七項特質崇高的靈魂

以上是七個天體所代表的特質。可是各天體都有其各自的缺點，所以必須與其他天體相輔相成。例如，月球有共鳴的特質，為了彌補自我規範與縝密思考的缺點則須土星的特質，為了彌補其意志之不足，則須太陽的特質。我們在表④製作彙整了其相互關係。

如上所述，無論是在哪一個天體修習，靈魂就會擁有那個星球的特質。例如，

表④　各加克拉的相互關係

木星	統合	金星＋土星	調和＋忍耐
水星	分析	太陽＋金星	意志＋調和
月球	共鳴	土星＋太陽	忍耐＋意志
金星	調和	木星＋水星	統合＋分析
太陽	意志	水星＋月球	分析＋共鳴
土星	忍耐	月球＋木星	共鳴＋統合
火星	熱情	金星＋木星	調和＋統合

在水星修習就會有水星的特質，在金星修習就會有金星的特質。在靈界的各天體培養習得之特質，轉世後就會帶到現世來，而在性格及才能中出現。例如，在水星修習的人的特徵，就如凱西如下的敍述。

「那個人剛從水星來，所以對於知性的事情有十分敏銳的感覺。他能很輕鬆的解決數學的問題，與人交往皆有步驟有秩序。無論對自己或別人都信守誓約，對於意圖欺詐他人的人，怎麼也無法原諒。」

此外，關於金星有以下的敍述：「金星是一個透過愛與順從以及義務感來支配他自己的星體，有一個充滿愛的性格，他充滿對他人的憐憫與關愛，無論在什麼狀況下，他總是致力於為人消除苦痛悲傷，擁有一顆最能感動人的心。這種特質非但是由於金星的影響，也受了過去在地球就養成的特質影響。」

如前所述，靈魂如能修養道德進化的話，一般而言均能袪除前世不好的性格。例如前世擁有一些不好的性格，只要那些壞念頭一湧上心頭就想去做。但轉生至今世，性格依舊會擁有那些邪惡的念頭，但由於靈魂的進化，雖然那些念頭仍在，但理智會對這些邪念加以阻止，就不會想到壞念頭就做壞事的。

我們拿航行中的船為例好了，假如潮水是前世的性格，靈魂是船的動力。那麼即使潮水洶湧，只要船本身引擎好、馬力足，一定能平安無事地到達目的地。但如果船沒有馬力，那就只好隨波逐流了。簡單的說靈界要我們培養的就是「對靈魂之性格的控制能力」，在其他的表現方面，即是要我們培養發揮我們的善德。靈魂的進化就是要我們獲得這些能力。

我想在此我們得到了一個答案。那就是所謂的「靈魂的特質」即以上七個天體所代表的熱情、忍耐、意志、調和、共鳴、分析、統合等。

靈魂要是能同時具備以上七個特質，那就能崇高至福地存在於世了。我們生存於太陽系的宇宙中，因此太陽系也就順理成章成為我們必須學習的七個特質的象徵（天王星、海王星、冥王星系，水星＋木星、金星＋月球、火星＋月球的混合體。因此太陽系的行星共有七個）。而所謂的占星術，亦即要人類學習那些特質，給人忠告的「教科書」。

我們生長在這個地球就是要把這七個特質發揚光大的。換句話說，就是要我們修得太陽系七個天體的特質。這七個特質是靈魂進化時必修的課程。當我們真的擁有這七個特質時，就是從地球這個學校畢業的時候了。

深知自己前世培養得來的才能

特質從某方面來說也有才能的意思。例如，「寬容」這個特質。所謂的「寬容」即是以較寬廣深遠的眼光來看事情，來理解對方的立場。亦即特質與才能本來就很類似。只是當我們從人的價值觀來看時稱「特質」，客觀的能力來看時稱作「才能」。

因此，「溫柔」是才能，「忍耐」也是才能的一種。而當我們把所有的才能統合起來時就產生了愛。所有才能的統合稱作「智慧」。有智慧才有愛，有愛才有智慧。因此，無論學歷有多高，誇稱自己教養有多好，還是無法出愚者之域。

從以上各個理由來看，特質亦可說是才能。如前所述地，這種才能是會從前世帶到今世來的。

現在讓我們來看看一個畫家的例子，他的前世是殖民時代時，美國的一個室內設計師。此外在紐約享有大名的某作曲家兼編曲家，他的前世是一個設立音樂與歌唱科系的學校老師，而且曾是個樂師。像這樣經數次的轉生，卻不斷地琢磨自己的某一種才能，這可能是一種所謂的「使命」吧！

亦即為了要促進人類的進化，身懷特別的使命來轉生的靈魂。當然，不一定是負著像佛陀或耶穌般偉大崇高的使命。其他如科學發明等用來幫助物質文明的發展等，也是人類進化的大事業中的一大使命。

為什麼也說它是一大使命呢？因為即使是要看我們這本靈魂學的書，也必須要印刷、製書技術的發達，以及運輸這些書的車等，我們才能看得到這本書。物質的發展對靈魂的進化也是必要。因此，懷著科學技術發展的使命去轉生的靈魂很多。

有人懷著照顧不幸老人與小孩的使命，有人懷著保護自然與動物的使命，也有人身為賢妻良母，做丈夫的後盾，教養聰明資優的小孩。但是，雖然人人負著使命降生，未必人人皆會成名立業。有個孩子，為了想以後經濟富裕，錦衣玉食，就問我，以後從事什麼行業最好，我給他的答案是：

「不要考慮經濟方面的問題，你應該想想怎麼樣才能使這個世界更好，更適合人居住。單單考慮投資報酬的多寡是不行的。把自己的才能用在如何為人類增進幸福，才是永久的富裕。」

你現世的性格與使命

接下來我們討論的是你前世養成的特質以及欠缺的特質，還有你現世的才能與使命。特質，我們通常稱它叫「性格」。性格主要是根本加克拉和活性加克拉所顯現出來的，為了讓各位詳細了解，我們必須先從顯現各天體間相對的力的關係之「

水平」（Level）著眼。例如〔金星5‧水星3〕，表示金星與水星的力量比是五比三。這水平的大小，在性格判定上有很重要的意義。在此，我們以首度飛上天空的萊特兄弟為例做一解說。這一對兄弟的根本及活性加克拉如下所示：

哥哥維爾柏（七月十六日）↓根本加克拉＝太陽3、活性加克拉＝月球5。

弟弟歐維爾（八月十九日）↓根本加克拉＝太陽8、活性加克拉＝月球4。

亦即我們都用〔太陽—月球〕這個型式，但是請大家注意在太陽這個水平上差異很大，亦即哥哥的太陽是3，而弟弟是8。

根據傳記事典的記載，哥哥的性格「沉著穩重，深思慎慮」，而弟弟則是「富於創意，熱中追求」。他們性格之所以有如此大的差異在於，弟弟比哥哥擁有更多太陽的熱力，而帶動了月亮加克拉所產生的結果。像這樣考慮到「水平」大小，則可更精準的把握其性格。原則上，兩個加克拉的組合如下所示：

①根本加克拉（大）大於活性加克拉（小）↓根本加克拉的性格較易顯現，活性加克拉的性格只顯現出與根本加克拉共通的部分。

②根本加克拉（小）小於活性加克拉（大）↓雖然活性加克拉的性格立於優位

，但大體上還是有淡泊的傾向。

③兩個加克拉的「水平」相等↓根本加克拉與活性加克拉的性格雖均等顯現，但還是以兩者共通的性格較易顯現。

　但是當兩個加克拉的水平都很高的時候（5以上），內心糾葛矛盾的性格，以及不安定的性格，非常容易顯現出來。

準活性加克拉是什麼呢？

　準活性加克拉也是從高到低（水平）討論性格及才能時不可不考慮的要因。特別是當準活性加克拉與活性加克拉水平相等，而由天體加克拉圖的位置來看，變成準活性加克拉時，我們不可不注意其遠大的影響。

　例如我們拿（土星5・金星5・水星5・月球3）這個天體構成來看。

　根本加克拉是土星5，活性加克拉是金星5，但因水星5比金星5為上，故其變成準活性加克拉，但因水平相等，是一個影響非常大的要素。

因此，可以根本加克拉的土星為基礎，看了活性加克拉金星的解說之後，也請參照準活性加克拉水星的解說，做一個總合的性格判定。

亦可探討一下各天體的長處及短處，以及有無可以彌補短處的天體等。例如前面例子，我們可以水星及木星來彌補金星的短處，而水星是它的準活性加克拉，因此，可稍稍抑制金星的短處。

像這樣仔細地探討各天體的相互關係，即可很詳細地把握人的性格。對初學者來說這可能不太容易，但習慣之後大概就沒問題了。剛開始學的時候，最好照著步驟原則，例如前面的例子可做以下的解釋：

- 土星—金星→賦予性格及才能特徵的最大要素。主要以此判定。
- 土星—水星→賦予性格及才能特徵的第二個要素。有時表面上會顯現出來。
- 土星—月球→賦予性格及才能特徵的潛在要素。僅僅在表面顯現。

以下是你在現世的性格與使命，我們從根本加克拉及活性加克拉來探討你該學習的特質。

根本加克拉

火星

火星是所有行動的原動力，也是生命活力的泉源。雖然人人都擁有生命之源，但如果你的根本加克拉是火星的話，你就擁有加倍的生命泉源。因此，你的好惡也會十分的明顯且激烈。擁有這種泉源，在行動上表現出來的將會是比較衝動的行動派，以及勤勉努力的實行家。亦即所謂的「血氣方剛」，如果踰越方寸的話，會有攻擊性，喜歡爭強好勝，大膽好冒險。喜好挑戰恐懼和征服速度，有支配他人的傾向，富有野心，但有的從外表不容易看出來。

其在感情方面表現出來將是深情且善良。但是沉不住氣且易怒，有將滿腹不滿積蓄在心的傾向。自尊心強，渴望受到尊敬。喜歡幻想和宗教性的神祕體驗。要小心得到精神上的疾病以及頭部以上的病。

在聰明才智方面，他能發揮迅速解決問題的機敏性。做出積極且有利的決斷。但基本上他恐懼失去自己擁有的一切，而火星的生命泉源有週期性，性格呈現如波

強，對於社會不合理現象以及特權不滿，有時甚至會挺身而出。雖有勇氣與氣魄，但有時不顧前後會做出魯莽的事情。

另一方面，你也有十分纖細的感覺，是個蠻陰鬱的人。充滿孤獨漂泊，內心易蓄積苦惱、善與惡、神聖與世俗常在你心中交戰不休。因此，一旦超過極限，精神極易受損。此星之人大抵誠實勤勉，但亦有愛慕虛榮之徒。

你在現世該學的是保持心理的安定狀態與平衡，以及不為外界影響的冷靜思考力。此外朝著目標控制自己的意志也是你的一大課題。

●使命與才能　你的使命是精神方面的啟蒙以及思想的改革。由於你有豐富的想像力，應該得以在文藝或藝術界發揮你的長才。只是這些行業有使精神不安定的傾向，必須小心，其他如服務業、社會福利工作、教育工作等亦頗適合你的性向。

屬於這個星的名人有宗教改革家魯塔（十一月十日），心理學家雲格（六月二十六日），童話家安徒生（四月二日）等。

水星

活性加克拉

由於你的前世多采多姿且多變，所以養成了你適應社會以及改革社會的能力。大體而言，你是個開朗的人。由於你求知慾強，你會不顧一切堅持忍耐完成自己求知的慾望。腦筋轉得快，能夠臨機應變，具有創造性，且有改革現有事物的強烈慾望。

但因為你有點神經質且性子急，容易因小事情而使精神狀態失控，因此會發生週期性的躁鬱狀態，這是發生困擾的主因。雖然有許多人過著稍微出世的生活，但在道德上你們擁有比較誠實的人格。但在社交性方面就比較欠缺了。

你們在現世所要學的是使你的感情安定，以及維持調和性的精神狀態。

●使命與才能　你的使命是去創造新的知識以及精神層面。例如，學問上的新學說、藝術上的新境地，你在知的領域上擁有全盤的才華。例如，像學者探求專門的知識，以及要求速度及溝通能力的工作都能發揮長才。藝術方面的工作大概也很適合你的性向。

屬於水星的名人有倡導「國家契約說」的哲學家霍布斯（四月五日），以及「超人思想」的尼切（十月十五日），藝術界則有創新音樂境地的「春之祭典」作者史脫拉汶斯基（六月十七日）等。

木星 活性加克拉

前世的你過著充滿思想文化以及波瀾的生活，而現世依然表現你叛逆的性格。總之，你是個很有個性而且非凡的人。個性高低起伏很大而且有些矛盾。

有強烈的正義感對特權以及束縛充滿反抗，會尋求自由解放的生活方式。雖常有衝動的行為，但很奇怪地也有禁欲自律的一面。

對於挑起感情的所有事物都很熱中。例如藝術、宗教、愛情以及爭鬥等。實行能力是第一流的，只要認為是正確的就會迅速的實行。特別是當此人抱著崇高的使命感前進時，必會超越一切障礙達成他的目標，但是在沒有明確目標的時候，容易隨自己的感覺慾望生活。

●使命與才能　推廣拓展新的文化價值是你的使命。例如，像藝術等足以改變社會潮流的東西，大體上說來，你在各方面都有發揮實力的潛在才能。但因你不能十分冷靜的處理各種事情，所以你在保守的腦力勞動上稍稍有困難。或者應該說你做事偏向於感覺化色彩。你應該會在藝術方面的工作上以宗教方面等嶄露頭角。

屬於木星的名人有畫家哥霍（三月三十日），詩人布雷克（十一月二十八日），迪日尼（十二月五日）等。

土星

根本加克拉

土星擁有壓制自我的能源。因此忍耐性強有規律且嚴格。要是土星是活性加克拉的話，那些特性就會全部被壓抑。可是相反地，因為同時伴隨著強烈的向上心，透過試煉與糾葛，靈魂的進化才得以順利進行。

土星能源在行動方面，雖十分保守，但擁有驚人的持久力與集中力，能發揮勤勉的特質。雖然它的行動有計劃且有一貫性，但有時會顯得太過策略性了。顯得沒什麼協調性，太以自我為中心。而稍稍顯得消極不熱絡。

能源表現在感情方面，則顯得粘性很強，緊追自己愛慕對象不捨。要是太過份的話，容易變成貪婪放縱。由於對自己的將來不安，所以很渴望安定，因此，往往

現世所當努力學習的是培養寬廣的視界，以及細微觀察他人體諒他人的能力。

●使命與才能　你的使命是領導科學及藝術發展。你擁有當領導者的能力。能領導許多部屬發揮你的實力。此外在科學及技術方面都能發揮你的才能。你適合從事藝術方面的工作，或者自由業、醫師、演藝界、律師等。適合以自己的步調想法工作。

屬於太陽的名人有大音樂家德布西（八月二十二日），名電影導演希區考克（八月十三日）等。

金星 活性加克拉

因為前世過得較消極，現世的感情顯得較不安定，你表面上看來雖然內向，卻擁有強烈的感情。而給人一種複雜而矛盾的感覺。例如，你一會兒做尖銳的批評，不客氣的評論，一會兒又對弱者溫厚寬大充滿同情。你兼具有攻擊鬥爭性以及愛好和平的纖細特質。

因為你靈巧且多才多藝，在你的本業之外且擁有許多特殊才能。自己既定之目標必會百折不撓的穩步前進，終能成就自己的一番事業。給人一種悲觀孤獨的印象。

因此，你現世所該學的是多面化地考量各種事物，發現它的價值。

●使命與才能　你的使命是使幽暗未明的事物明朗。例如，哲學家、神祕學家之屬。但以才能來說，你在各方面都能出人頭地。例如，文藝或藝術方面，以及非單憑感性即可的邏輯知性方面的工作。其他如實業家、銀行家、保險業者、經理等與「錢」有關的行業。

屬於此星的名人有以偵探小說與心靈研究著名的寇南・斗伊爾（五月二十二日）、考古大家休利曼（一月十六日），發明進化論的達爾文（二月十二日）等。

月球　活性加克拉

因為你的前世過著精神多變的生活，故你的現世雖然亦十分優秀，依然不改不安定的傾向。屬於此星座的人，擁有較極端的性格傾向。有性急粗野的人，也有內斂溫柔的人。另外，也有非常勤勉或是怠惰的人出現。也就是擁有矛盾性格，呈現出非常不穩定的心理狀態。

因此，性急且稍微自我本位主義，另一方面，溫柔體貼且能發揮纖細的情感。某些人擁有瞑想孤獨的詩人性格，對藝術與神祕的事情寄與很大的關心。

但不論在什麼情況下會照著目標計劃過日子，有活力，擁有英雄般對大衆之貢獻。

現世你所該學的是精神之安定與內外一致之性格。

●使命與才能　你的使命是對人類有貢獻之發明。因為你擁有天才之光輝，適合文藝、藝術以及宗教界。只是，因為會受到過去生活環境很大的影響，所以如果你從小與科學有不解之緣的話，以後在這方面會有很大的成就。但你還是與「心」有關的工作較有緣。

屬於月球的名人有，發明新演奏方法及發現巴哈未曾發表過作品的大提琴家卡魯爾斯（十二月二十九日）。

水星——活性加克拉

由於你的前世多采多姿，現世也會有活潑冒險的性格。雖然你稍稍善變，但你有超強能力。重實踐且慎重，但在必要的時候還是膽大心細。但是當你一旦踰越尺度，會變得衝動，不顧他人之見，自我主張過強，易與周圍的人起摩擦。雖然水星中也有內向孤獨的人，可是水星之人個個都有非凡之能。

機智且腦筋靈活，求知慾強，上進心強烈。自尊心強且獨立自主，但有好辯的傾向，有時會做出尖酸的批評及嘲弄。雖然有時會給人冷酷的感覺，但你有博愛的心情，是個極誠實的人。對於藝術及神祕學有特別的興趣。

你在現在該學習的是，更加纖細的體會他人的心情，以及更加適切地調和自己的情緒。

●使命與才能　你的使命是對自由獨立的貢獻以及了解神祕之謎。因為你在各方面均有超凡的才能，故你無論在科學、藝術、文藝、神祕學各方面都能有不凡的成就。只是你喜愛獨來獨往，缺乏與人交往之手腕，必須加強與他人協調溝通。

屬於水星之名人有醫療傳道家休拜札（一月十四日），政治家林肯（二月十二日），神祕學家瑞典波爾葛（一月二十九日），大音樂家莫札特（一月二十七日），靈異小說家波歐（一月十九日）等人。

木星

活性加克拉

由於你的前世過著知性的生活，現世的你也顯現出腦力過人的現象。你平常雖穩重謙虛，但會因狀況而使感情起伏激盪。一旦有緊急的時候，往往能發揮過人之勇與集中力及精力。而且頭腦好、博學多聞洞燭機先，具獨創性與敏銳觀察力。並有勤勉、威嚴、誠實、機智及幽默感，是個洗練有魅力的人。

但由於你稍稍神經質，會有精神感情不安的傾向。喜與人論爭，有時會發出尖銳之評斷與他人起摩擦，有時會變得孤獨。

因此你現世該學的是培養控制自己感情的能力，使自己的感情安定得到調和。

●使命與才能　你的使命是充實學術面的根本原理及基本面。你擁有以科學及哲學為中心的文化方面之才能。你的興趣很廣泛，一旦發現自己熱中的事物就會全神貫注全心投入，雖適合學者等之研究職務，但也適合作為啟蒙一般大眾的導師，由於你獨來獨往，適合從事自由業。

這個星的名人有牛頓（十二月二十五日），細菌學者哥霍（十二月十一日）等。

根本加克拉

太陽

太陽擁有將潛在的事物闡明，使其顯在化的能源。因此自我表現慾強，需要他人的稱讚，能夠強力的貫徹自己的意向。

太陽能源在行動面上，會表現出大膽且充滿精力的行動。雖積極但不性急，自有一番堂堂之風格。有旺盛的開拓慾及切開未知世界之勇氣。有統御力，但有時顯得獨裁。有極大的野心，且有不斷前進的活力。

太陽能源表現在感情面上，顯得明朗快活、光明正大，不喜歡陰晦的事情，有強烈的正義感。寬大且有包容力，能發揮首領氣質的情感。但性急且自傲，有時顯得過份自大。亟欲求得他人的認可。此外，因太陽能源有週期性，感情有時呈現細緻的變化，有時又有極端的變化。

太陽能源表現在知性方面，能發揮從無生有的創造性。具獨創性，對於過去無人注意的世界有強烈的興趣。此外亦具有物理學等純理論之能力。但稍稍有自我本

●使命與才能　你的使命是在知性領域留下劃時代的功績。比如說在藝術或文學方面開拓新境地。你在知性領域擁有全盤的長才。由於批判精神旺盛，必能在評論界嶄露頭角。此外，在需要縝密思考邏輯科學技術界、電腦界，以及經理一般事務方面皆能發展順利。還有，在語言學以及需要文思暢達的行業也很適合。

屬於此星的名人有詩人梅第爾林庫（八月二十九日），作家羅倫斯（九月十一日），「動物記」作者席頓（八月十四日）等。

木星　活性加克拉

前世過著多采多姿的生活，現世也有活潑開朗的性格。你的個性明朗快活，是個樂觀的理想主義者。為了要實現自己的夢想，會熱情地發揮超強的實踐能力。有正義感，同情弱者。不喜受束縛、愛好自由。但也會有極端思想的人，甚或也有不顧他人而做出反社會行為的人。

但由於重友情、率直且真誠，比較不會給人敵意。是個擁有高尚品格的人，但不會過份死板，是個社交界的紳士。但由於性子急且神經質，有時會因此危害到人際關係。因有勤勉且獨創的知性，往往會大成功。

你現世所該學的是控制自己的感情與任性，忍耐堅持不衝動行事。

●**使命與才能**　你的使命是發揚文化，倡導自由獨立。你將可在精神及文化面發揮才能。從事思想、寫作、記者、教授、宗教家、導演、大衆傳播、政治等較易成功。此外，也擁有統率部屬、攻城掠地的才能。

由於屬於這個星的名人幾乎沒有，無法舉例說明。

根本加克拉

金星

金星的能源穩定，並有均衡的情緒。因此，顯得穩重有耐力，此外五官的感覺特別敏銳。

金星的能源表現在行動上，一般顯得較鈍重。行動較慎重緩慢，有自己的一套做法。但由於責任感與毅力、努力，一般說來做事都會有不錯的成績。只是，要是沒有明確的目標，就易變得怠惰。

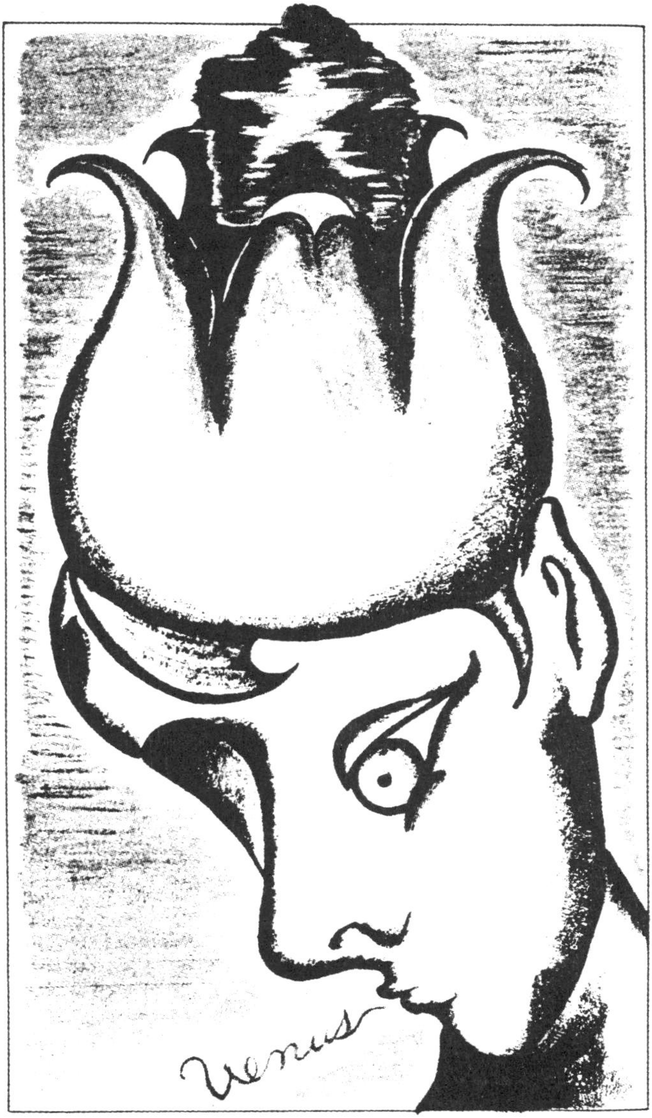
Venus

雖然話不多且沉著保守，但只要一說話則出口成章。協調性高，喜好和平地解決問題。雖不常冒險，但有時也會作出出人意表的事情。

能源表現在感情上，則顯得感情豐富。但因佔有慾強，有時會起嫉妒心。雖有時顯得不大方，但另一方面因感情豐富且富同情心，有時會顯得十分矛盾。喜好美食名酒，充滿兩性與感覺的慾望，易沉溺於此。

能源表現在知性面上，則顯得中庸保守。對於新奇的事物採取較慎重保守的態度。因在他的信念裡，頭腦的活動是有限制的，故有時顯得頑固欠缺變通性。

月亮 活性加克拉

由於你的前世多采多姿有波瀾，因此你現世的感情則顯得十分激烈。你外表看來內向溫和，但本質非凡卓越。感情的起伏大，有敏銳的頭腦。多數人擁有天才的資質，能在各個領域發揮長才。常常會有一人兼具多種才能的情形，有時會被認為善變。

雖有大膽冒險的勇氣，但有時會踰矩作出帶攻擊性的事情。但因誠實的人格及

水星──活性加克拉

由於前世過著精神色彩濃厚的生活，所以現世內心也有很大的特徵，你的精神很細緻，頭腦極優秀靈活，且直覺正確、感覺細密，對周圍事物的變化很敏感，雖有同情心，但有時顯得虛偽，此外對未知的神祕極有興趣。

另一面，由於精神易受外物影響，容易患糾葛、苦惱，壓力方面的疾病。此外想法及行動首尾不一貫，有時易脫離現實，無法貫徹始終。易受靈感影響，常常給人善變的感覺。

你現世所該學的是依著理性控制自己的精神、強化意志、常保感情之均衡。

●使命與才能　你的使命是提昇這個世界的精神層面。你有精神與心方面的特長。亦即你適合當作家、詩人、評論家、思想家、哲學家、宗教家、心理學家、發明家、神祕學家等。此外，由於你有為人服務的願望，往那方向邁進是你成功的祕訣。護士及服務業等很適合你。

屬於此星的名人有畫家夏葛爾（七月七日），以及作曲家馬勒（七月七日）等人。

木星──活性加克拉

由於你的前世順遂且精神層次高，所以你的現世也有內涵。你重友情且性格敦厚，精神層次高尚。由於具備了吸引人的性格，特別有人緣。有洗練的氣質，及超俗的飄逸。有教養及創作才能。雖是個充滿知性的人，但也不會予人冷淡的印象。明朗樂觀地品味人生。

但是，另一方面，由於有時太過理想化，會有脫離現實的傾向。稍嫌氣短，容易感情用事。只要感情一亂，需要較長的時間來回復。

因此你現世所當學的是理性的控制自己、調和自己的情感、培養耐性。

●使命與才能　你的使命是發展精神世界與文化。你在精神世界與文學方面有長才。適合當學者、教授、宗教家、傳統藝術家、精神醫師、評論家等。此外，由於你的創作才能，作家及藝術方面的工作亦適合你，與其選擇規律的工作，不如從事自由業較易發揮。

屬於此星的人很少，因此無法舉例說明。

基本上仍得就自己的責任來下此一決斷不可。

這似乎即是「卡魯瑪法則」之實質吧！所謂「卡魯瑪法則」，是指自己親自所選的命運。

丈夫因飛機失事去世，自己悲傷度日且擁有三位子女的某位母親，她的前世是三千年前美洲中央虔誠信奉瑪雅文明的指導者。

那時候的她，只要是反對自己的人，她就判反對者死刑，而且是用於祭祀的犧牲品，她以此為樂趣。以逆向催眠探索她的靈魂，其結果顯示出她自己對於此種行為，相當後悔而且深深地反省中，此次轉生，她為自己訂下培養「同情」此一美德的計畫。而此種引起自己必須悲傷度日之不幸，正是計畫中的一項考驗。

像這樣，以前世的行為做為參考，再加上本身的責任，給與自己安排命運，而這命運就像是可以給自己培養所欠缺德性的好機會。上例所提，與丈夫死別的那種命運，正是如此。

甚至，為了試探在靈魂界藉著修行，靈魂能支配多少性格的磨練，這也是列於命運預定表中的一項。下面所要介紹的是，一個男人的靈魂如何出色地通過事先安排好的考驗。

他從年輕時就不知原因地厭惡他的父親。一天，他來到老人之家，探望久未謀面的父親。而他的父親因為重病，身上裝有為了維持生命的裝置。但是，當時偶然地，父親因人工呼吸真空管鬆了，正痛苦不已。

此時，他陷入空前大困境中。因為如果就當做沒看見的話，那麼令人憎恨的父親即將從人世間消失。但是，他的心語為他決定正確的判斷。大聲地呼喊護士，而挽救了父親的生命。

幾年後的某日，他雖然遭遇到大車禍，但卻奇蹟似的只受了點輕傷。

以逆向催眠的方式，探索其靈魂的計畫，顯示出下列的結果。

此男人的父親在前世曾經對他做出很殘酷的行為，根據此男人的現世計畫，是將自己置於能對父親採取報仇的狀態下。

但是，這並非為了殺死父親而作，是試驗自己是否能原諒父親，這才是目的。他是出色地通過考驗。事實上，如果那時讓父親死亡，而他也將會因車禍而離開世上。這樣的命運計畫即是我們所探求到的結果。

世上的命運是依據自己的靈魂，在靈魂界預先所計畫好的。為了靈魂的進化，採取適合的命運。由此觀點來訂定計畫。

因此，未必限定由於前世的惡行為而招來今世的不幸。這是很重要的觀念，不可不牢記。例如，即使在前世沒有任何不良行為，但是為了靈魂的進化必須吃苦，如果有此可能性，那麼在今世也許就會遭受到許多不幸，或者吃盡苦頭。

如果是模擬兩可的場合時，那就得以能經得起苦難且勇敢的靈魂為前提條件。在世上很多人受苦，但實際上，他們可以稱得上是擁有向上心的勇敢靈魂呢！

由於有這樣的苦難道路要走，那些靈魂們，通常經過無數的轉生輪迴，才能進化，但也有只輪迴幾次，且依據不同的情況，而在現世即完成靈魂的最後進化。

解析你今生的命運

如同上述，完成訂定計畫的你，終於可以朝向人間轉世。

此時，前世所使用的「靈體」，又再度化身為你的「肉體」。這是隨著前世的死亡，而一時所凍結的物體，在靈體裏記錄著你前世的氣質或是性格。

所以，我們的性格是和前世相同。但是，如同前面所述，靈魂多少都會進化，由於這個原因，我們的靈魂會比以前減少對壞性格盲目服從的程度。

總之，我們透過如此的過程，終於能轉世到人間。

所以現在我們才能活著。喜怒哀樂的不斷重複，因人而有各種不同的生活。有人過著爭權奪勢政治家的人生，有人更是躲於深山，過著孤獨修行的僧侶生涯。吃得飽飽而死亡的美食家，也是有的。也有人卻因為沒有食物可吃，餓死的。有人天天過著與病魔搏鬥的日子，也有人輕易地犧牲自己的性命。一切的生存方式，一切的命運，正等著那人的到來。

在如此混沌人生中，察覺到靈魂所訂下的計畫意義，雖說是為了幫助提升靈魂的進化，也著實不是件容易的事啊！

我們往往只短視的追求眼前利益，認為活在世上如不狡猾求生存，那麼便是一種損失，由於被這樣物質性的想法所支配，結局不但失去考驗的資格，也使靈魂不能更上一層的進化，像這樣的事不是很多嗎？所以至今我們仍得幾十次、幾百次的重複著輪迴轉世，這理由不正是如此嗎？

於是，現今我們必須清楚認識一件事，那就是命運不僅僅是偶然或善變的，更不是為了受苦的處罰，而是為了幫助靈魂的進化，事先安排好的「事件」，是靈魂派遣來的「教師」，可以說是靈魂傳來的訊息。

我們以智慧和勇氣向命運挑戰，將隱藏於命運中的「靈魂的企圖」解析出來。

例如，遭遇到某種困難時，

「這命運原來是要傳達這樣的意圖，我有必要從命運中學習到這樣的事。」

或者，受到罪惡的誘惑時，

「這誘惑是試探我的一種考驗。我必須發揮靈魂中的美德，採取正確的生存之道。」

在我們訪問的所有命運中，比較深入去探索其意義時，注意到人類應當是會格外的，做出促使靈魂進化的事。

所以，從一五一頁起的解說，可以成為解析命運的重要參考吧！

占卜方法即如同前述，從根本加克拉和活性加克拉的組合來判斷的。而且，如果出現準活性加克拉，即顯示水平上較高的順序，就是命運較高發生的可能性，因為如此，所以請讀讀下列的解說。

例如：根本加克拉是火星，活性加克拉是金星，而準活性加克拉的較強順序是月球、土星等的天體構成，擁有這樣命運的人，可以從下列得知——

①你最容易接受的命運是，火星——金星。

②第二容易接受的命運是，火星——月球。

③第三容易接受的命運是，火星——土星。

但是，須注意根本加克拉和活性加克拉的水平度。

①根本加克拉（大）＞活性加克拉（小）→命運會明確的顯示出其個性有強烈的傾向。

②根本加克拉（小）＜活性加克拉（大）→命運會有比較穩重的傾向出現。

③二個加克拉的水平相同→二種加克拉同時在較低水平度時（4以下），那麼有較穩定傾向的命運，如是高水平度時（5以上），那麼其命運則是趨於變化起伏的傾向。

其他各種天體的優缺點，及是否有將短處化為長處的天體等等，綜合性的考察之後，應該是能更正確的預測命運。

但如同至今所考察到的，我們了解到必須掌握的德性共有七種。

我們也明瞭到，命運是以培養這七項德性中的任何一項為目的。也就是命運可以區分為七種類型。

於此再度重申何種德性必需配合何種德性的原則。

①火星屬於熱情，必需配合調和與統合的德性。
②土星屬於忍耐，必需配合共鳴與統合的德性。
③太陽屬於意志，必需配合分析與共鳴的德性。
④金星屬於調和，必需配合統合與分析的德性。
⑤月球屬於共鳴，必需配合忍耐與意志的德性。
⑥水星屬於分析，必需配合意志與調和的德性。
⑦木星屬於統合，必需配合調和與忍耐的德性。

根據以上的原則來暗示你的命運，將於下頁起詳細解說。為了能解釋分析你命運中的意圖，那些解說理當成為有力的幫助。

而且，除了詳細解說之外，還設立了「建議」這一欄，希望藉此，能應用於解釋分析你的命運和為了克服命運的一種暗示。

命運為了培養自己所欠缺的德性，所以不斷的輪迴轉世。所以想淘氣地逃避命運，那是行不通的。但是，在此命運降臨之前，如果你有必須先學習的德性時，被計畫好的命運有可能會變更或者換掉。就像是前面所提述，夜尿症的少年，解救生命垂危的父親的男子等……。

根本加克拉

火星

因為土星要供給活性加克拉強大的能源，所以其主宰的是猛烈地，且傾向成為規模龐大的命運。但是，此種能源是不穩定的，剛以為它是強烈的，卻有時像火快熄滅似的一下子就轉弱。其結果，命運多波折，成功和失敗反覆起落著，工作和住所也頻頻更換等等，是個波瀾萬丈極具變化的人生。

火星是單純的能源，具體的特徵是以活性加克拉來顯示，因為能源強而有力，所以活性加克拉好壞面的振幅也就相差千里之遠。其結果，便很簡單的區分為大福或大禍兩種極端的命運。

造成極端現象，與是否能控制這股強力的能源有密切關係。如能善於操縱，便可能於短時間內化腐朽為神奇，創造出一番轟轟烈烈的大事業，但是如果無法順利控制時，會因為鬥爭而與周圍的摩擦不斷，或是由於內心的糾葛，而有可能引起精神方面的煩惱。尤其是頸部以上的外傷或病痛，必須特別注意。

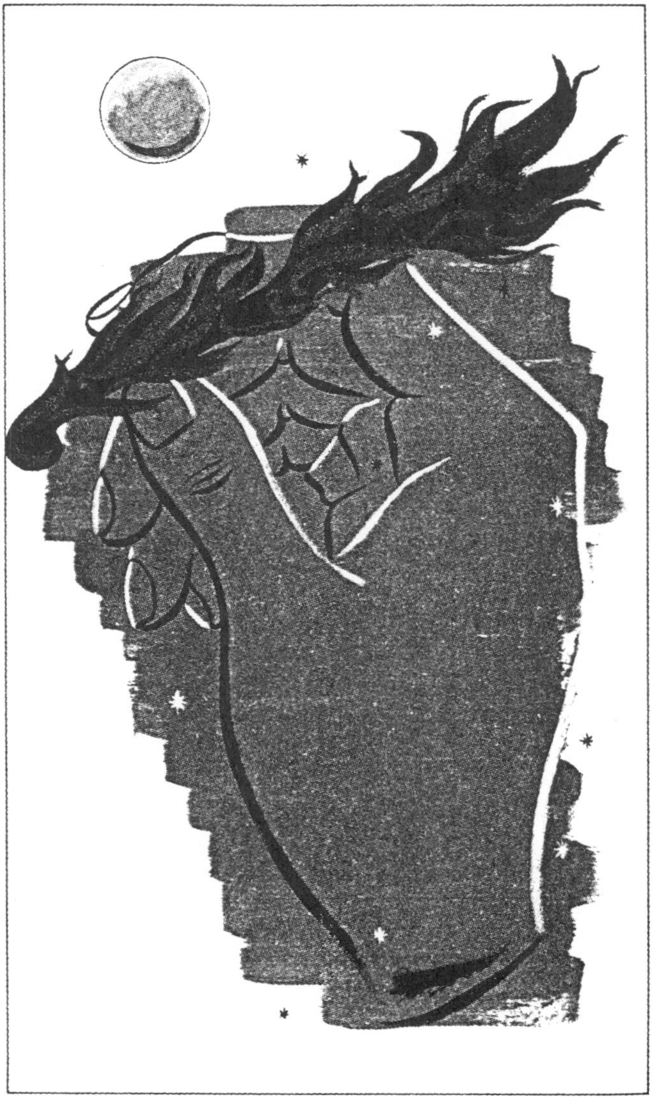

這樣的火星加克拉，其命運的意圖是，培養「調和」的德性，以尋求感情的穩定和平衡，及依照「統合」的德性，保持理智方面的安定和均衡。原因是根據這兩種德性，將能源有效運用，為的是喚起靈魂的覺醒。

土星 活性加克拉

關於職業方面，還能達到中上的成功，但人際關係就難應付，較多的不和與紛爭，或者，很容易就陷入疏遠和孤獨。但也由於如此的經驗，卻也開拓出交益友的大道。又正以為人生的道路平穩無波折時，卻遭受到無法預料的致命打擊，命運中往往會隱藏像這樣一百八十度大轉變的事情。

但是，這樣相反的命運內容能刺激我們的潛意識，而賦與我們對靈魂世界的理解力和培養自信、勇氣。只是像生病或外傷等等肉體上的傷害，必須十分的注意。雖然是個由辛勞串成的人生，但隨著晚年的來臨，會漸漸受到人格上的尊敬，及享受較安定、幸福的後半輩子。

〈建議〉

停止「鑽牛角尖」，放鬆情緒是相當重要的。有必要將內部隱藏的過多能源向外發洩。因此，有時爬爬山或者從事較嚴格的野外運動，也是十分有益。且接觸古典音樂等的藝術，可以說是滋潤心靈的理想嗜好。

為了修改見識淺短的傾向，積極的擴大交友圈和參與交際，利用旅行增廣見聞等等，都是具有幫助性的。另外，勤勉雖好，但是也必須注意，不要因工作過度或不規律生活而損害健康。由於晚年有好運的傾向，雖然是比較辛勞些，但不會有心眼不正的行為發生。

太陽——活性加克拉

成功的領導者命運，可能有從事數次較規模的大型旅遊或冒險的傾向。例如，足跡到達人煙稀少或遼闊大陸等地方。於是，交友便廣闊。也許其中還包括許多的知名人士呢！

但是，也許經常被人際關係的煩惱所糾纏。大概是交友多而敵人也不少吧！也許會被欺騙或受到部屬的背叛等等。但是，也由於這樣的經驗，最後終於能發現尋求摯友的機會吧！

人生有盛衰榮枯，雖然曾經體會巨大失敗的挫折，但也因這親身體驗，所以能感受到充實感的強烈，而使成功的腳步更勇往直前。

〈建議〉

與人接觸時，不要抱著「是對方強還是我強」的競爭心態，更不要支配對方，最好有以平等交際方式的心理準備。壓制的態度是招來背叛最大主因。是因為那並不是以真摯的友情或信賴為基礎。不可將單一支配慾錯認為愛情。

身為統御部下的領導者應該依據被尊敬的人格行事。也就是必須經常的訓練自己設身處地為人著想。然後也必須具有冷靜自我的意志。具備這兩點之後，做為領導者成功的可能性可以說相當的高。

金星 活性加克拉

藝術或文學等，傾向於與自然有關聯的命運，社交上的往來機會較頻繁，從其中可以擴展較順利的人際關係。你也許會與美食、飲酒、異性關係等世俗上的享樂，有較深的緣份，但是，必須小心這也許正是所謂的「考驗」。為了要改正這些慾望，有可能貧困或生病的命運會降臨。

而且，你是非常重感情的人，為試驗那不是貪婪或佔有慾，可能會體驗家庭不和或失去心愛的人、財產等的命運。但，也因如此，可以發現真誠的愛情，或者擴大視野等，培養出對事物價值觀認定的機會。

〈建議〉

能否培養自制心可以說是決定你命運的重要關鍵。因為有沉迷於美食、飲酒、異性的傾向，所以必須十分注意。以禁慾等方式壓抑會造成反效果，索性尋找藝術或探求知性等的對象，以使能源更昇華為目標，這樣較高明。

像「一下子就好」這樣的想法，與陷入拖拖拉拉的傾向有密切關係，最好斷然遠離。佔有慾的消失也是十分重要。試試一人環遊世界的自助旅行，這也是使其消失的好主意。依據各種不同的經驗或與人的相逢、費心等，對於消除不必要的佔有慾也是極具效用。

月球——活性加克拉

較偏向於和文學、藝術、宗教或心理學等精神世界有關聯的命運，並且有受到世上人們強烈注目的可能性。但是，反之，因為極容易導致精神方面的煩擾，所以必須小心提防。應注意像興奮、憂鬱症等，如此的週期性心理變動，雖然處於這種心理易動狀態下，較能激發優異創造的靈感，但也不得不小心。恁隨情緒而行動，很容易就半途而廢，這點也應注意。

另外，固執於某種觀念或近乎狂信的地步，因為自我本位意識很強烈，所以容易引起人際關係的摩擦，甚至也許會體驗受騙的命運。這或許是刺激內心培養獨立性，藉以控制自己意志的大好機會吧！

＜建議＞

將過多的能源導入內部時，常常會形成盲目攻擊。所以應該使能源朝向有益的方向發展。最好是能發現對知識性引起熱情的事物。如有創作方面的才能，可以嘗試寫小說之類的東西，也是一種方法。另外，也可朝向運動或藝術方面試試。或者可以福利或對社會貢獻等的高尚目標作為努力，這也十分理想。

熱衷於宗教或靈異時，謹防走火入魔。為了使心情穩定，最好能常與大自然接觸。像徒步旅行或露營，騎車旅遊、登山等，培養對這些運動的興趣是有益的。

水星—活性加克拉

有關知識性的活動或啟蒙活動，引起世上注目的可能性較高。一生中常有機會出外旅行，或是體驗較頻繁的移遷或轉職等。也就是，傾向於多采多姿的命運。或者同時擁有二份以上的工作，握有所有領域關係的命運。

與知識人的緣份較深。但是有趨於忽冷忽熱的傾向，任何一方面都會差點使人們受到挫折，而嚐到失意的痛苦。不過也正因如此，可以磨練意志力，使我們得到卓越成功的機會。經常會與周圍發生摩擦，有可能會有一段時間過著鬥爭的生活，這樣能使感情較柔和，或能建立充實人際關係。

〈建議〉

緩和精神的不安定性是最大要點。因為來自火星的能源是不穩定的，會使神經過度充電或過度消耗。也因如此會導致身體狀況的好壞差很多。

最好的辦法是，生活律規要正常，十分注意身體健康，如果感到疲勞，則儘量休息別勉強作事。處於這樣的狀態下所思考的事，較容易偏向悲觀方面。最好避免長時間鑽研一種事情，花點腦筋轉換氣氛也是很重要的。但如果是利用飲酒等不健全的方式，那麼反而造成反效果。

木星——活性加克拉

傾向於多采的戲劇性命運。好像趨於突然變化和不幸的走向。一生中旅行機會很多，會從中遇到很多深受影響的事情，常常會陷入危機，但往往又能因為友人的幫助而脫險。實際上，有因人們的援助，而使命運展開的趨向。

與宗教或哲學等世界的緣份較深，身為真理追求者，可能會有服務教場機會，會結交著名人物，從其中尋獲精神的安定。與束縛自由的勢力敵對，可能會走向鬥爭的人生。這麼辛苦的最後，要培養情感的調和與忍耐，晚年時會以德望而受人敬仰的可能性不小。

〈建議〉

將熱情朝向更有效為目的，自我冷靜，自我控制是相當重要。為了使你的友情更深厚，愛情更豐富，以設身處地為人著想的生活方式為目標。正義感強烈的你，為了別人，你能發揮自我控制力。然後再加上瞑想或打坐等方式，使心平靜的修行也是蠻好的。

最好不要懷有競爭心理。因為置身於競爭狀態下，你會怕輸而錯導你的方向。像熟讀有益心靈的書籍，也是百益無害。對任何事不要過度沉迷，適度的運動，也許對熱情的散發有某種幫助。

根本加克拉

土星

透過辛勞和考驗，藉以學習德性，這是土星的目的，但絕不是意味著不幸。就像登山者費盡千辛萬苦，最後終能享受登峰的快樂，這是無辛勞人生所無法體會的喜悅。

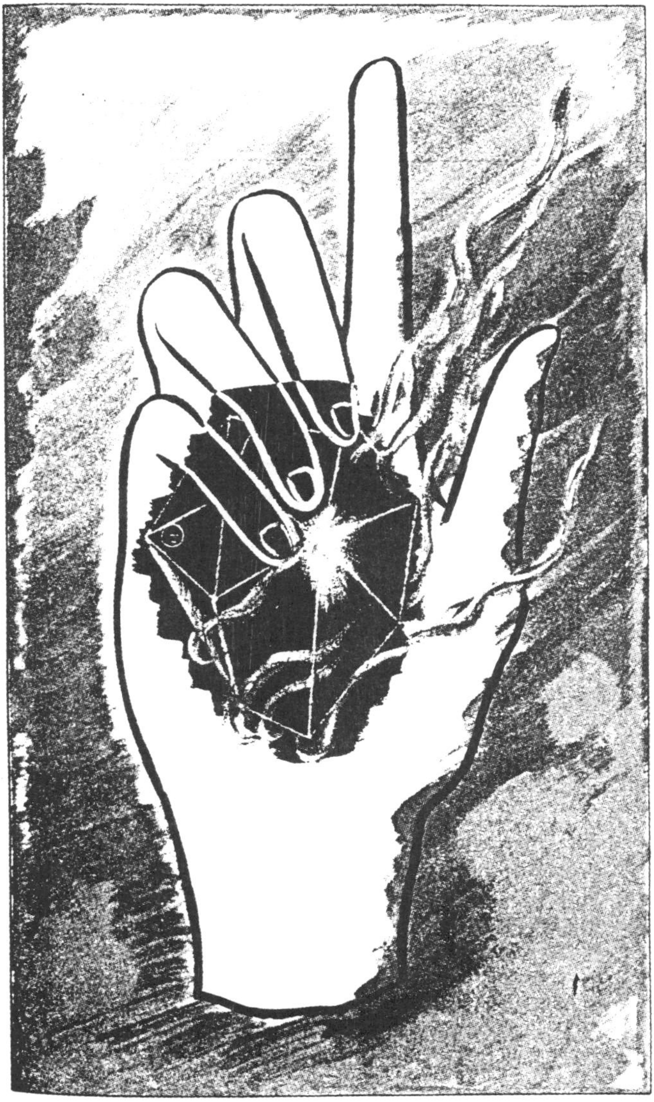

如前所述，此種人的靈魂是具有超強上進心的傾向，在今生隱藏你提升相當的靈魂進化的可能性。

依照土星所帶來的命運特徵可分二部分。首先是從外部所加諸辛勞的例子。生病或受傷、孤獨、與愛人分離、挫折、人際關係等的妨礙，自己非常盼望幸福，哪知因為外來的狀況，反而必須體驗辛苦的人生。只有土星的情形，是無法預測，突然轉變成的，這是土星的特徵之一。

另一特徵可以說是自我處罰的辛勞。也許自己沒有感覺是勞苦，但卻苦於意識方面。例如，就連食物也要節約，就為了存錢，或者是，滅私奉公的為公司盡心，或是，將自己所有的一切，完全投入宗教的傳教一事等等。而且如此行為的結果，常常是沒有回報就告終了的居多。所以此種命運的意圖是為了培養「共鳴」與「統合」的德性。

太陽——活性加克拉

克服許多障礙，爭取成功的命運傾向。無論失敗多少次也不氣餒，所以能培養不屈不撓的精神或謙虛，同情心等的德性，能使各種情形轉好。偶而會受到來自上位的幫助，不過最好不要太過期待。

容易煩惱家庭問題，或人際關係間所產生的感情摩擦。也許會體驗到被別人欺騙或受人背叛等的遭遇。但是也由於這樣的經驗，更能磨練體貼人之心，最後能使自己成為受人尊敬的一種契機。一生之中會有幾次的大考驗，隨著年紀的增長，有漸漸朝向安定的趨勢。

〈建議〉

使知性和感情稍具柔軟性也是重要的。為了達此目的最好能體驗多采多姿的人生。例如：儘量找出機會旅遊散心。如果可能，最好到海外，像接觸與我們不同文化或習慣的國家，也是蠻不錯的。另外，試試和自己無緣的世界，也許能體會異國情調。「世界上原來還有這樣的事啊！」像如此新鮮又令人驚訝的感受，會不斷重複於你身邊，也因這樣能培養你精神的柔軟性。

另外，因為缺乏感情的潤滑，所以最好能多接觸藝術方面，或擴大交際範圍，比較有益。如此，就可以了解成為你煩惱的人的心情，並儘量彌補不足。

金星——活性加克拉

因為勤勉的緣故，職業方面的成就可能達到一定的水準以上。但是會受到麻煩的糾纏。雖然很盼望保守、安定的生活，但身邊的變化卻很多，如旅行、遷移、轉職等等的經驗體驗。也因如此，能培養成機警或適應性等的德性，藉以刺激自己才能，使之充分發揮。

由於節省的個性，所以有儲蓄，金錢方面不用愁。當然有自己的財產。雖然努力存錢，但也有人的錢突然間就消失。另外，也有人煩惱家庭或戀愛的問題，而失去所愛之人。這樣的命運顯現出以緩和過度依戀為目的，其結果，是成為產生更純潔、更廣大的博愛的一種機會。

〈建議〉

最好不要固定價值觀，任何的生存方式必有其長處，不過能留意樂觀的想法是較好。對於將來，不用太擔心。因為充實現在，是為了將來而著想。不要悲觀，以快樂的心情面對生活，幸運之神一定會降臨你身上。

使心情沉悶的原因是佔有慾太強烈。對人或物最好能抱著較不在乎的心態。為了這樣的心態，只有節制慾望、壓抑需求，懷抱平常心是很重要的。因為工作過度的疲勞，或是沉浸放蕩所帶來的後遺症，這兩種極端的理由，可能會使你的健康受到損害，必須謹慎。

月球——活性加克拉

擁有二種極端的命運。一個是在藝術界或文學界的領域中得到成功的命運。但是，這種命運有傾向於孤獨，也有家庭方面的煩惱。所以，才會心生對外界積極發展的意念。為了想擴大視野，傾向於貧窮或富貴的命運，並可能體驗不是常人所能經歷的一些事情。

另外一個命運是，反抗權威，並激烈抵抗或參與運動等的鬥爭人生。大概易偏向於充滿波折的局外人的命運。但是，其結果能增廣視野，對於晚年或來世而言，這樣的經驗也許正是促使靈魂進化的最大原動力。

〈建議〉

精神的安定度和幸福是成正比的。纖細的月球加克拉，似乎不能有效控制由土星加克拉所散發的能源。所以此命運的人可能是天才，只要讓他的能力真正發揮，也許會有非凡的成就。最好能實行瞑想或打坐等較規則的方式。

較敏感的你對噪音的忍耐力很弱，這也許是使你精神衰弱更惡化的最大禍首。為了儘量不使你心身皆疲勞，應當多費心注意。另外，由於旺盛的想像力既是優點同時也是缺點，所以可能招致杞人憂天或對將來作悲觀性的預測等的傾向。最好能培養對事物做正面考慮的習慣。

水星

活性加克拉

充滿波折的命運。會經驗較多的苦難和光榮。多次的出外旅遊或搬家、換工作等，甚至可能會有冒險的體驗。年輕時候苦於貧困或家庭問題的機會較多，但漸漸的，嶄露出頭角，實力也受到肯定。成功的可能性很高，也有可能突然遭受失敗。

被推測有失去家人或所愛之人的傾向。但是，也有許多人經過如此的苦惱之後而意識到宗教的心境。如果是為了人類而努力，則有可能創造出偉大的成就。是多重人生傾向，同時擁有二種工作，發揮其多才多藝。

像以上所述命運，主要是培養感情的平衡為目的。

〈建議〉

最值得注意的事，不要將優秀的資質用於以利己為目的方面。由於你擁有敏銳的知性，所以在意識或潛意識中都隱藏驕傲，並有強烈自信的傾向。這樣的傾向也許會成為招來所有不幸的元凶。當智慧變成狡猾時，無論工作或人際關係皆會精打細算，也只會考慮自己對他人的野心手段而已。

但是，像這樣聰明的生存方式，結果是最愚笨的生存方式，如果能徹底了解，那可能是上了年紀以後的事吧！掌握幸運的最主要鑰匙是，以自己的聰明來幫助別人，而不是一味為自己著想。屆時，你可能會留下非常偉大的成就於世上。

木星——活性加克拉

雖然是個與苦難和障礙衝突的起伏命運，但由於以非常積極的向上心和追求心努力著，所以成功的希望是相當具有可能的。學問、政治、藝術或宗教等，不論那方面的才能發揮，都會受到世上的注目。可能須小心突來的挫折。但是，此種挫折往往是領導我們走向下個幸運的機會。

由於在貧窮、家庭方面、工作方面，常會引起一些問題，是個接受友人援助的命運。經常會做出超越常軌的極端行為，這是自找危險。如果能朝向人道方面的高尚目標努力的話，也許還可能闖出一番成績，以上所述之命運，是以培養感情的調和為目的。

〈建議〉

你的幸福可以說是與動機的純粹性有關吧！因為你是有才能的人，所以堅持純粹動機的話，也許任何事你皆能成功。但是，如果是為了私利，而將才能應用，最後你將嚐到失敗的滋味，而且你也無法將才能充分發揮。

與其自己享受小小的成就，不如為社會、人類的理想而努力，屆時，你偉大的能力也許會化成更幸福的花朵。如此的生存方式，能賦與你克服所欠缺感情方面不穩定的力量。因為此時擁有人道方面理想的你，人品是最誠懇的。

根本加克拉

太陽

太陽與火星類似，同為強大能源的發生體。且多少具有週期性，命運中易生波折。但是與火星純粹能源不同，是較具方向的，由於如此，所以根本加克拉為太陽的人，有朝向目標前進的趨勢。

另外，太陽有普照大地的光芒，能使躲藏的事物顯現。如此，可能會呈顯受到世人的注目，成為強烈引人注意的存在，或開拓處女地，或解開神秘之謎等等的命運。擁有使無至有的能力。「開拓與創造」是太陽加克拉的特徵。此外，可以說是由活性加克拉來訂定命運的吧！

一般而言，根本加克拉為太陽的人，因為其運勢很強，成功的可能很高。特別是由於從長輩方面來的援助，而有開拓出世的道路的傾向。另外，有開拓無前人所到之新境地的命運。會創造出新行業或新學說，獨創的藝術作品，或是發明、發現等。發揮不可思議的物理才能的人為數不少。

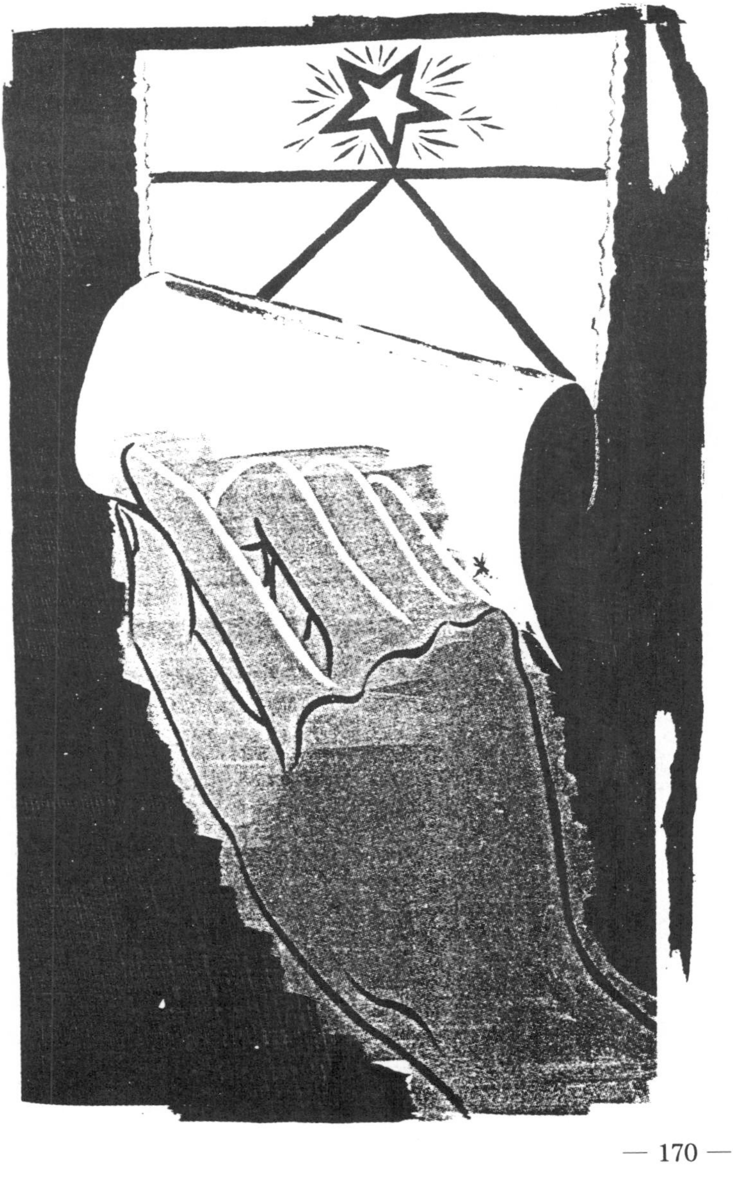

但是，一生中會有幾次大失敗的經驗，尤其是中年時。且一生中的朋友很多，而敵人也不少，人際關係或家庭問題也有不少的煩惱。如此命運的來訪意圖是為了培養「分析」和「共鳴」等德性的機會。

金星——活性加克拉

得天獨厚的安定人生。即使年輕時候較貧窮，隨著不斷的努力，成為富豪的可能性也是很大。另外，與藝術或自然有關聯的學問，特別是物理方面，成功的比率較高。因為對慈善或服務性的活動較為關心，所以能受到世上人們的尊敬。

從家庭方面而言，可能多少會有惱人的問題存在。有些人會遇到與愛人分離，或受到愛人的背叛等情況。藉此以培養無私的愛為目的。由於奢侈的嗜好，造成浪費的傾向時，這即是使人生錯離的原因。如此的命運，是以培養「統合」與「分析」的德性為目的。

＜建議＞

必須花點工夫，小心使用感情能源。所以，強烈的理性是必備的。如能以理性控制感情，對你的幸福將是很重要的。最好能培養理論性的想法。如此，便能減少盲目行動的傾向。且瞑想或打坐等，能穩定精神狀態的訓練，也是一種方式。

由於對自我感情的表現不能恰如其分，心中所積不滿、鬱悶，最後終會爆發，有如此的傾向存在。

培養自我表現能力，想說的話就直說，不要累積心中的不滿，這是相當重要。或者如能利用小說等的創作，來昇華心中不快，這也是彎理想的方法。

月球——活性加克拉

屬於此種型的人，大約一半的人，其人生為平穩無事，而另一半則為充滿鬥爭且令人驚訝的人生。但是如果採取攻擊的方式，那麼晚年時也許會遭受到沉重的打擊。通常年輕時較辛苦，隨著晚年的來到，幸福也就跟著降臨。

常常會煩惱家庭問題。另外，與宗教或神秘方面的緣分較深，而且可能會受到強烈影響。因為傾向隨興行動，所以缺乏一貫性，作事往往因挫折便半途而廢。但是，透過失敗，能統一內面分裂，培養忍耐，發揮更強大的實力，成為邁向成功的一大步。

〈建議〉

由於你的心理狀態具有柔軟性，你能達到心中所想成為的事物。於是，平常的思想方式或意識狀態是很重要的。經常抱著悲觀的想法，那麼其人生也是悲觀成份較濃厚，如是以明朗的想法，勾勒出未來景象，人生就會如其所想，前途光明。但是，以明亮的想法，使一瞬的精神狀態保有清純，是得經過努力。

你極容易受到周圍的影響，還有很迷信，必須強化理性，鞏固自我意識，應重視這些理念。你很容易受到暗示的作用，而趨向於狂信的地步，所以應注意不要上當受騙。最好能鍛鍊理論性的思考力。

水星——活性加克拉

雖然是充滿起伏的人生，但由於運勢很強，所以常會有貴人相助，擁有不錯的命運。旅行或遷移、轉職等的機會很多，生活面呈顯出較不穩定的傾向。幼時因貧困、病痛、家庭問題等的煩惱不少。但是透過此些體驗，能培養溫柔性，更能建立幸福的人際關係的基礎。

此外，經常作事到一半時，會遇到挫折。但因為能藉此體驗多姿多采的人生，所以也不能一概認為是運氣不佳。實際上，你活躍於許多方面，是與較多的知識人交往的命運。另外，你也有與宗教或神秘方面的緣份。所以，你可能會經驗與普通人不同，較奇特的人生傾向。

〈**建議**〉

雖然你的人生多采多姿，反面而言，可能招來心理的分裂狀態。例如，做事之前，便心想「失敗了應如何？」等到真正去做時，實力便無法徹底發揮，自尋煩惱，有杞人憂天的傾向。所以，你常常給人一種陰鬱、不快活的印象。

將此種內面的分裂狀態，加以統一，是極重要的事。必須使自己擁有自信，作爲努力方向。另外，應注意的是，由於趨向易受挫折，所以最好將目標訂高些。比如，十天中應完成的事，將目標提高至七天內完成。

木星 活性加克拉

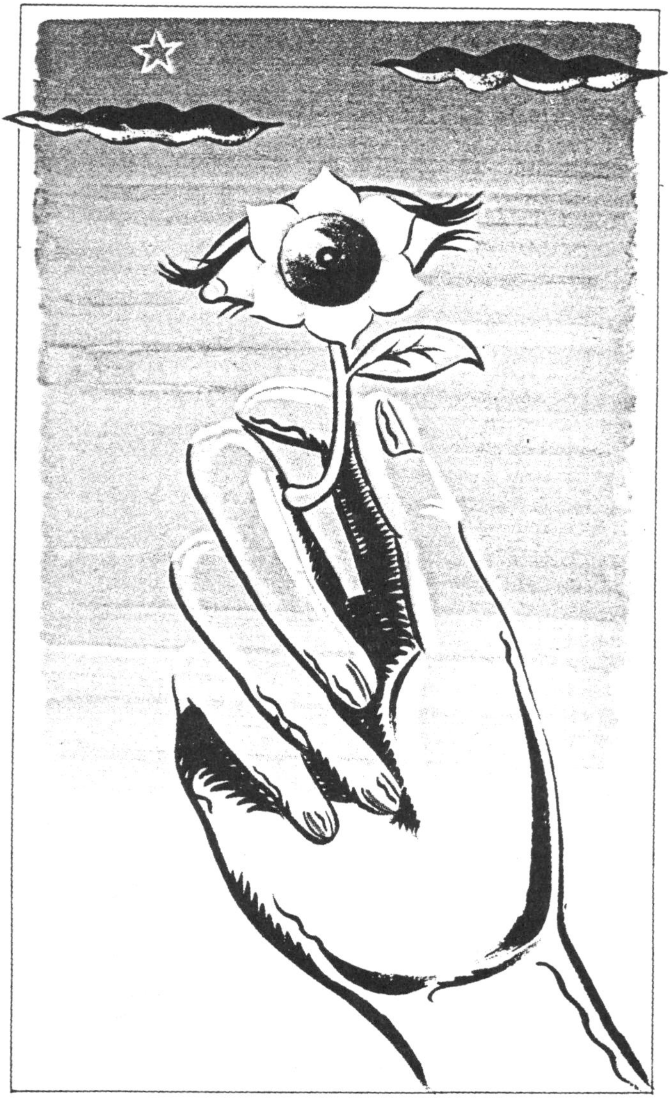

是靈魂為了解放過度的執著和佔有慾，而訂定的計畫。諷刺的是，愈是施恩於人就愈富有，反之，小氣對人也就愈貧困，有這樣的趨勢。在今世的課題是培養「統合」與「分析」的德性。

月球——活性加克拉

朝向精神道路而行，與朝向世俗道路而行，屬於此星（月球）的人，可分為此兩種極端命運的傾向。與其從事商業買賣，不如找尋精神上較有意義的工作，這樣也較容易成功。波折雖少，但是多重人生的緣故，會擁有多份工作，或過著多采多姿的生活。但是，由於極易受情緒左右，所以工作的結果也是差異相當大。

通常，置身於高貴環境的機會較多。由社會上較具地位的人加以提拔，開拓成功道路的傾向則很明顯。受到朋友許多援助的反面，則易捲入是非。必須克服有關結婚生活的障礙或煩惱。是因為如此可以為自己製造學習規律或意志的機會。

〈建議〉

對你而言，最重要的是，將佔有慾減輕一事。此事常常成為你憂鬱或心理不穩定的原因。人是人，物是物，失去即是指不再是自己的東西。本來就不是我們所擁有的事物，是因為緣份的關係，才會在我們的身邊。無緣就分離，這樣的開朗心境是必備的。

所以，旅遊國內外，過著不同情況的生活，也許對心境很有幫助。如此的生活方式，應當能使你了解物質事物是短暫的。但佔有慾若完全消失，那必得禁慾，過份壓抑自己反而可能造成反效果。以中庸的態度生活即可。

水星

活性加克拉

趨向變化萬千的人生命運，又因人而波折萬丈。由於是多重生活，同時擁有幾份工作是可能性相當高。顯示其興趣也是半職業性的能力，特別是擁有藝術方面的才能，所以那方面的朋友也就相當可觀。由於既勤勉，且知識向上心很旺盛，事業大都能達到水準以上的成功。而且，會受惠於友人或貴人，公私皆有良好的人際關係。

但也有受到背叛或中傷的事發生。另外，結婚或家庭生活等方面的麻煩也常有，甚至還可能有生病方面的煩惱，但是藉此培養意志，找尋新的人生價值，這樣的機會是早就安排好的。

〈建議〉

能操縱、控制感情能源，是很重要的。例如，持有不正確信念時，會有朝向此信念前進的傾向。這樣是非常危險的。依據其不同信念，有人過著粗野的生活，也有人卻過著平靜的日子。

前者可能因為不安定的感情，而放浪一生。後者雖無此問題，但由於任何事都持「這樣就好」的想法，而無法將自我潛在能力充分發揮便過完人生。

所以有時大膽冒險也是必要的。無論任何一方，此兩者皆應強化其理性，培養駕馭感情的能力，這才是重要的事。

木星——活性加克拉

知識性及藝術活動等方面，成功的可能性較高，雖然多少有些困難，由於能從朋友處獲得協力或幫助，所以終能順利完成工作。由友人帶來成功的機會較多。但是如果不特別注意飲酒或異性關係等的方面，可能會失去好不容易建立起的事物。無節度或不注重衛生所引起的疾病也應注意。

關於戀愛或家庭等方面的煩惱是相當多。由於有依據感情行動的趨勢，所以經常會發生與人之關係破裂的情形。但是，如果朝向為人類而努力的崇高理想，那麼其成功的可能性則很高。如此的命運是為培養「忍耐」的德性。

〈**建議**〉

懷抱怎樣的目標或信念生存，可以說對你的人生會有很大的改變。當處於無明確目標的時候，你可能以感覺來決定你瞬間的生存方式，並終其一生。所以，持有明確目標是極重要的。

由於你的感情豐富，具有在世上變化的意慾，尋找為社會、為人類的曠世巨作時，能徹底發揮實力，並能幸福。但是，為達到幸福，可能會有幾次的失敗或試驗出現。因為目的是想要試探你的德性「忍耐」是否已具備。決不是平穩無波折，雖然如此，你也應超越一切的障礙，向前邁進。

月球

根本加克拉

月球流露纖細的情感能源。但由於不安面的影響，命運多少有些起伏。雖不至於波瀾萬丈，但變化也是蠻多的，也許會經歷幾次的移居或轉職。全盤來看，有傾向年輕時生活較困苦，隨著年歲增長而安定的趨勢。

經濟方面的困擾較少，與其一次賺大錢不如一點一滴慢慢存，而較容易留下財產。凡是關於戀愛和結婚的事，常有藏於內心的秘密。

而家庭內所產生的問題也著實頭痛不已。人際關係大致良好，與社會地位較高或藝術方面有關的人的緣份較深，有來往密切的傾向。

月球也是神秘且具靈感的星球。而且，你的人生與宗教或神秘學方面的緣份，可能較深遠。加入宗教團體，接受信仰，可能會體驗到不可思議的事呢！但是，由此引起麻煩的場合也是不少。

由於行動容易受情緒或情感的左右，人生呈現缺乏一貫性的傾向。所以有許多

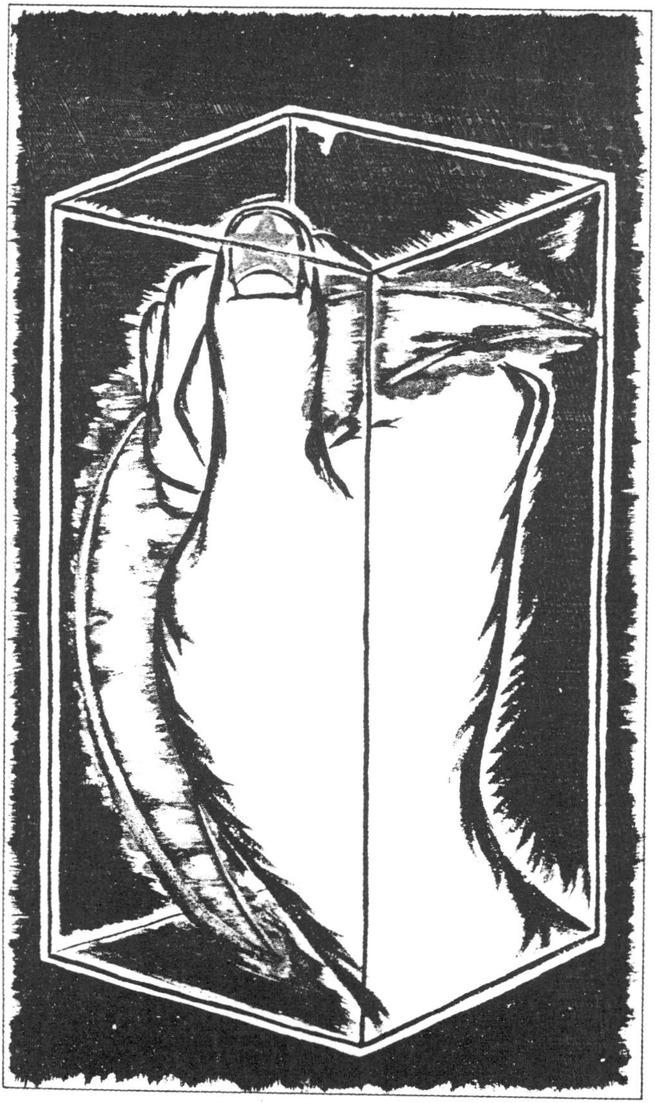

事是無法達成完美。另外，因其善變的情緒，可能會失去朋友對他的信賴感。而且也須注意由精神面引發出的煩惱所帶來的心因性疾病。此種命運是為培養「忍耐」與「意志」的德性。

水星 活性加克拉

變化多采的人生，大概能體會頻繁的旅行或移居、轉職等事情。另外，也許會有較奇特的經驗來訪，是千載難逢的機會。雖然會有各式各樣的困難或障礙，但漸漸的會朝向安定而去。經濟方面有比較寬裕的傾向。但是，人際關係方面則常有摩擦出現，擁有許多朋友的反面，也容易失去他人的友誼。

因為陰晴不定的性格，缺乏實行力，空有好意見，卻無法徹底實現。差一步就完成，卻受到挫折，這種事常有。須注意超越的辛苦及不安引起精神方面的憂慮。即使辛勞，這也是擁有高尚精神性的磨練好機會。

＜建議＞

因為你必須歷經多采多姿的命運，所以不會有停滯的機會。問題是如果就順著命運的走向，反而我們有更多必須學習的德性。所以感情的安定是很重要的。

但是，應了解這並非為了使感情滿足，而採取的行動，應該根據理性選擇，並限制行動才是正確的。

因此，採用瞑想或坐禪等，使精神狀態趨於安定的訓練，也是辦法之一。頭腦一片混亂時，儘量找出獨自思考的時間，這是必要的。你吸取經驗的時間和消化成為你自己意見的時間，最好能平衡。

木星 活性加克拉

傾向富於多采的命運。人生全盤而言，則因不安定而充滿變化。大概會經歷為數較多的移居或轉職等事情。這樣的事，既是人生中的機會，也是煩惱的源頭。因為傾向以感情用事為行動基準，所以會想做各式不同的事，但往往半途而廢。

由於因情緒做事，引起衝動的行為，所以經常以失敗為結束，但友人的援助也常適時而來，故不會太辛苦。因戀愛或家庭問題等的煩惱也是不少。

與宗教、哲學，較神秘方面的緣份較深，朝向此高尚目標努力，得到大成就的可能性很大。此命運是以培養感情的調和及忍耐為最終目的。

〈建議〉

由於你具有適應力，所以對變動性較大的人生也就能耐久。但是，藉著許多不同的運動，提升靈魂的進化，必須建立有幫助的意識。否則，將會遭遇到支離破碎的經驗。所以，有時讓自己獨自思考反省，最好能這樣去做。例如，也可以散步於大自然中，一面思索事情。

原本你追求的事，是找尋具價值且重要的事物。能了解這些事物之後，將你人生朝向此事物，並生存下來。有可能是為社會、人類的崇高理想努力一事吧！如是這樣，你應該能發揮你最高的實力。

社會的、宗教的活動。而母親亦熱愛丈夫所從事的社會服務事業。他的哥哥是個理想主義者，總是喜歡幫助別人。

換言之，少年的靈魂是為了從父母身上學習自己所欠缺的美德而投胎轉世的。因為他可以從父母對子女的溫情去感受到，聯繫人與人之間微妙的感情。

但是另一方面，他的父母親稍微有著不切實際的傾向，這是一個缺點。但如果從父母親的立場看來，也可以說他們是為了從孩子的身上學習重實際的做法，而結爲父母和子女的關係。為了提昇小孩子的靈魂進化，即使在世界上只有一點點的經驗也是必要的。因此雖然夭折了，但卻完成了目的，如此一來對於靈魂來說亦是件快樂的事。人生的價值並不是以其長短來決定一切的。

〈夫婦關係〉

在現世結為夫婦關係的人們，其前世必然有著很深的緣份。當然其在靈界裡必早已有了婚約。常聽人說：「在結婚對象的小手指上都會纏著一條紅線。」就靈異上來說或許真有那麼一回事。

總而言之，婚姻生活的目的是為了互相彌補對方的缺失。「自己為什麼發現不出婚姻生活的美滿？」對於存有這種疑問的女性，凱西解釋為「只是一味追求自身的滿足」才導致而成的。

從前有個任性又與丈夫不和睦的女人，其前世是以擁有美貌而自豪的女性，在往前是個傲慢的法國牧師，更往前是個不顧家庭需求的蘇格蘭男人。正因為其前世如此，在她的現世所要學習的便是捨棄自我主義而能體諒他人的美德。據說當她實行之後，從此夫妻之間相處的非常融洽。

但是相反的，覺得與婚姻無緣的情況下又該如何呢？有些男女會這樣想著：「到底什麼才稱得上是有魅力的人呢？為什麼沒有適合的結婚對象呢？」究竟具有什麼靈異的意味呢？

根據所調查的投胎轉世的實例中可以看出，其前世過著尼姑和尚宗教的生活或是因為嚴重失戀的人，都會下定決心不結婚。而凱西曾提到一個例子。有三個沒有結婚而非常孤獨的女人，她們在前世，拋棄家庭而自殺了。

如果是因為結婚的障礙而自殺，其理由恐怕便是如上面所說的一般。留下家人而自殺，對於其家人是種無比的痛苦、寂寞與失落感。所以今世，她必須去體會這種心痛空虛的感覺，去學習修養體諒別人的美德。或許這是她投胎到今世的理由。

自己本身打從心底便認定與結婚無緣的人也大有人在。而因把對方的標準訂得過高而不能結婚的人也很多。因此並不能完全歸咎於因感到與婚姻沒有緣份，而導致許多人萌生自殺的念頭。從這個例子可以淸楚的知道，對於靈魂的進化，人與人之間的關係是多麼的重要。

近來，因為不擅長與人交往，而整天悶閉家中打電動玩具或看電視的小孩也愈來愈多。這種情形不僅僅只有小孩子，連大人也變得愈來愈多。這和一年到頭只和幾個同事來往的情形是相似的。

沒有人與人之間的關係，就不會有靈魂的進化。如果只與少數的朋友交往，將會成為一個非常偏頗的靈魂，失去精神的柔軟性而且不斷的萎縮，而變成機械式的頭腦。而且逃避修養自己本身所欠缺的美德。

前面已敍述過人在靈界裡，與移轉到另一個天體的靈魂交往。那是因為他們受到其本身所欠缺美德的影響。同樣的，即使在這個世界上，我們也會受到那些缺乏美德的人影響。當然，我們自己也會給予他人很大的影響。一些無意的言行舉止有時會帶給你周遭的人幸福，也有可能會帶給他們不幸。所以我們必須對自己的行為有所負責。

由於我們的靈魂和其他的靈魂共同努力，才會產生進化。為了要更詳細的說明人與人之間關係的重要性，首先必須從人類靈魂的根源解說起。到底我們的靈魂是為了什麼，從那裡來的呢?所有疑問的最終答案便是輪迴轉世。

靈魂究竟是從那裡來的呢？

根據神秘學，我們靈魂的根源可追溯到宇宙創造以前。那個時候的靈魂不像現在分裂成幾個，而是僅僅只有一個。而其本身原來就具有完整的美德，可以說是個仙人。但是仙人有時候也會抱著如此的疑問。

「自己究竟是誰呢?」

仙人為了想知道答案，於是便派遣自己的分身到低次元去。結果便產生了宇宙

表⑤　各個加克拉間的緣份關係

木星	水星	月球	金星	太陽	土星	火星	
○	○	●	●	◎	●	◎	火星
●	○	●	◎	○	◎	●	土星
○	●	●	○	◎	○	◎	太陽
●	●	○	◎	○	◎	●	金星
○	◎	◎	○	●	●	●	月球
◎	◎	◎	●	●	○	○	水星
◎	◎	○	●	○	●	○	木星

根本加克拉間的緣份＝
活性加克拉間的緣份＝

◎＝富有親近感，吸引力
○＝普通
●＝雖然有反對的傾向，但是如果能互相理解
　便結成良好的伴侶。

●測驗你的緣份

在「轉世的占星術」裡，根本的加克拉間的緣份和活性加克拉間的緣份，分別研究了之後，綜合來判斷。各個加克拉間的共通關係，於前頁歸納出一個表。

◎—◎　雖然互相都能吸引對方，關係親密，但是彼此太投緣，有時也會變得很鬱悶。

◎—○　雖然很投緣，彼此也能共同努力，相處融洽，但卻常常爭吵。

◎—●　表面上看來感情非常好，但卻更應該努力去了解對方。

○—◎　彼此都很了解對方的性情，但是要注意無意中任性的表現。

○—○　雖然有時會吵架，但是卻還相處融洽。應該努力去慢慢了解對方。

○—●　雖然表面上沒什麼問題，但卻有必要更深入去了解對方。

●—◎　雖然有時覺得反感，但若能更深入去交往，互相去了解對方的性情，將會更親密。

●—○　即使覺得不順利，但慢慢去了解對方，也會有良好的感情。

●●如果能耐心的去了解對方，一定能維持良好的關係。

從二〇二頁開始敍述的解說，都是以根本加克拉和活性加克拉的配合來判斷。而且還補充準活性加克拉來考慮。例如，如果是〔土星1・金星3・月球3・木星5〕的情形，所敍述的事情符合加克拉，且擁有這個天體加克拉的人，便如下面所提到的。

①土星—木星：表示最有緣的人際關係。主要是由此來判斷。

②土星—金星：表示僅次於最有緣的人際關係。補充性的考慮。

③土星—月球：表示潛在可能性的人際關係。當做參考來看。

其加克拉的組合，「水平」大小如下：

①根本加克拉（大）＞活性加克拉（小）↓表示根本加克拉的人際關係。

②根本加克拉（小）＜活性加克拉（大）↓主要表示活性加克拉的人際關係，但表現得並不濃厚。

③兩個加克拉的水平相等時↓表示有多采多姿的人際關係。即使高水平也是一樣。

火星

根本加克拉

火星因為擁有吸引很多人的能力，所以會碰到形形色色的人。而不僅朋友多，敵人也很多。但真正能讓自己靈魂進化的人，往往不是那些和我們要好的朋友，多半卻是和自己敵對的人。

為什麼這樣說呢？因為自己多多少少會出現專橫獨斷的一面，但順從自己、尊重自己的人便視他為朋友，而拂逆自己的人便認為對方有敵對的傾向。所以能夠清楚的指出自己缺點的人，便認為對方是毀謗自己，是敵而不是友。你的朋友們或許對你感覺不錯，但是如果讓你一直傲慢自大下去，後果將會不堪設想。

如果你和你的朋友不能平等、謙虛交往的話，便不會有從發自內心的友情。而你的朋友或者部下將會一一離你而遠去。

人的一生當中，常常會碰到一些理性、冷靜且具有敏銳洞察力的人。由於他們能理性的判斷是非，又能很冷靜的闡述自己的意見，所以對於具有感情用事傾向而

又愛窮根究理的你或許會覺得厭惡。但是實際上那些人對於你的靈魂進化和人際關係有著很大的助益。因為他們能給予你本身所欠缺的「調和」、「統合」等德性的影響。

土星 活性加克拉

由於具有孤獨的傾向，人際關係往往比較不好。不善於和朋友交往，而且連親密的朋友也很少。但是一味的把自己侷限於一個狹隘的空間裡並不是件好事。應該摒棄自卑感，打開心扉與朋友交往。年輕的時候或許常常會受人欺負、排擠，但卻能從了解對方的心情去學到「共鳴」的德性。

如此一來，慢慢的會出現願意與你交往的朋友，而且將會使你的人際關係更加豐富、圓滑。由於你有顆寬容、關懷的心，因此將會碰到很多願意了解你而和你交往的朋友，所以不要逃避。這就是為什麼能從那些人身上學得「統合」的德性。

＜戀愛和婚姻＞

雖然對愛情的狂熱追求比別人更甚一籌，但是卻將這份感情積鬱在心中。過度的慎重或是消極的，或是以旁觀者的態度去批判，都會造成戀愛的障礙。如果能以一種愉悅、積極的心態去追求，將會是成功的捷徑。隨著年齡的增長，會有幸運的傾向，但是最好不要急著結婚。因為晚婚所獲得的幸福可能性比較高。

邂逅的對象可能是個可靠、穩健、誠實的人，但有時偶而會有些爭執。但是儘管如此，仍能將自己的情緒控制的很好。一般來說，由於難以取悅的你，在婚姻生活上還是有些衝突，所以建立個安和穩定的家庭是非常重要的。

太陽——活性加克拉

經常會碰到些競爭的對手。邂逅的人當中多半都是與自己敵對的人。其中或許會遭到別人的中傷或責難，甚至背叛你。但這種相遇是為了要矯正你支配對方的慾望。所以細心的去體會對方的感覺，去修養這種「共鳴」的感覺是很重要的。

在你周遭中，會常常碰到理智又冷靜的人。對方不會對你阿諛諂媚，而是個正義敢言，有話直說的人。或許他會無視於你的不愉快而對你說教，但事實上他卻是真正對你有幫助的人。對於常常狂妄自大的你，能給予你「統合」美德的影響。

〈戀愛和婚姻〉

對於談戀愛的對象不會太挑剔，但是如果沒有戀愛的機會便開始煩惱，所以應該使自己充滿自信且積極的對異性展開追求才是。那樣的話你便擁有吸引異性的魅力。但是一旦結成戀人，便出現了些問題。在交往之中由於衝突、不和睦便產生了挫折的傾向。而矯正你這種急躁的性情是當務之急。

你所遇到的人大多是具有熱情、開朗、活潑的性格。但是，其中只有和熱情的人之間不能維持長久。因此兩個人不僅要為既定的共同目標而努力，更要加深知性方面的交流，這些都是非常重要的。

金星 活性加克拉

你所遇到的人大多是社會地位高或是從事藝術工作或是追求物質快樂的人。就後者的情形來說是項考驗。對於在不知不覺中會傾向於放蕩的你，是個相當大的誘惑。儘管如此，不論你是否保有果斷的作法，都該試著去接觸。

再者，你會經常碰到「忘恩負義」的人。或許你會因此而憤慨，但你卻抱著不求回報的愛和一顆平常心。當你和理性又冷靜的人碰面時，對方常會條理清晰的提出些反對的意見。對於容易感情用事的你，能給予你「統合」和「分析」等美德的影響，並且能幫助你建立良好的人際關係。

〈戀愛和婚姻〉

你談戀愛時，最好不要和別人力爭，應循著自己的步調、方法一步一步來。因為你有可能因急躁而和異性產生紛爭。由於你具有能慢慢吸引別人的魅力，所以最初還是保持朋友關係慢慢交往比較好。

你所碰到的人大多是誠實且穩重，又有高度判斷力的人。你的戀愛、婚姻生活大致說來都很順利，但因為偶而會爆發出憤怒的情緒，而出現不安的心理狀態的傾向，所以有時會使你和對方的關係出現危機。因此克制自己是建立良好關係的重要礎石。

月球——活性加克拉

你和一些著名的人交往的緣份較多。再者你有和從事藝術工作的人或宗教人士或神祕的人碰面的緣份。但經常在交往中發生摩擦而導致敵對的關係。因此常會受到尖刻的中傷和迫害。但由於你本身任性，情況較多，所以也暗示著修正造成人際關係惡劣的缺點。

在運用權威支配下的你，或許會碰到想跟隨的人。那時候會不會依靠、屈服便是個考驗。所以你必須拿出勇氣，去培養以你自己獨立的思考去行動的德性。有時你也會遇見非常理性又現實的人，他們能給予你所欠缺的「忍耐」德性的影響。

＜戀愛和婚姻＞

關於戀愛和婚姻有精神上煩惱的傾向。對於戀愛的狂熱容易引起糾紛。例如，即使戀愛也不能向對方告白而獨自煩惱。而坦白說出後，失戀所受的震撼是相當大的。因此並不是含糊帶過就行了，必須以輕鬆謹慎的心態去考量。如果能對現實更深入去體認且抑制住性情急躁的傾向，不久便會有了解你魅力的人出現。

你所碰到的人大多是智慧型且穩重的人，或者是溫和、腳踏實地的人。為了維繫婚姻及戀愛上的長久、順利，必須遵守以上的注意事項，讓自己的感情安定下來。

水星——活性加克拉

豐富多采的人際關係，似乎可以和各種領域的人結識。由於在旅行的目的地認識朋友的機會很多，所以，和外國人也會結成親密的友誼關係。你所碰到的人是知識水準比較高的，所以，似乎像在風雅之類的團體裡出頭的時候，可以認識許多朋友。但是，分離的情形很多，而因為吵架而分手的狀況也不少。大概朋友多摯友就少吧！

當遇到朝著目標孜孜努力的人時，或許可以給沒有耐性的你「意志」的美德那樣良好的影響吧！而且，碰到堂堂正正、而又富有情趣、誠實懇切的或者是和藝術有關的人時，應該可以給予你「調和」的美德那樣良好的影響。

〈戀愛與婚姻〉

戀愛的機會應該是比較多的。一般認為不要想得太複雜，輕鬆地接近，就不會不自在了。只是，由於見異思遷又沒耐性的個性，能不能持久還是個問題。而且，由於你容易被誤解這點，也就成為你戀愛的障礙。

由於你所遇到的人有豐富多采的傾向，所以難以特定。一般來說是思想傾向較強的人的可能性較大。因而會有怎麼樣的戀愛或婚姻生活，也是由對象來決定的。如果能克服你性急又不穩定的個性，也能長久又圓滿的維持戀愛或婚姻關係的。為了整個的婚姻生活培養彼此之間感情的調和是很重要的吧！

木星——活性加克拉

會與多方面的人結識。也會和水準高又高尙的人邂逅，另一方面，也有碰到從事感官娛樂誘惑的人的機會。如果是前者的話，將會受到非常好的影響，但如為後者，就是很顯然的考驗了。能試練自己是否可以控制那樣的誘惑。

由於你對友情重視的個性，所以可以經常受到朋友所伸出的援手。和藝術有關的人結緣會受到良好的影響。那種人可能會給與一向不穩定的你，使你的精神狀況受到溫和的「調和」美德的影響吧！而且，會和規律正常又有點禁慾的人結識，那種人能給予你所欠缺的「忍耐」的美德的影響。

＜戀愛與婚姻＞

關於戀愛方面，因得天獨厚的傾向，所以會有豐富的經驗吧！假如讓對象不幸的話，是你真心所不希望的。或許舉止稍微草率這點，會成為障礙。雖然一般認為戀愛關係是熱情又充實的，但由於見異思遷又性急的個性使然，所以會有交往在很短的時間即結束的傾向。

你所認識的對象是豐富多采的類型，但一般來說是爽朗又擁有愉快氣氛的活潑的人。但是，由於那種關係易形成表面化，所以為了引導彼此間更深的思想上的了解，擁有二個人共通的高目標來努力的話或許較好。

土星

根本加克拉

土星是孤寂之星，所以人際關係會有稀薄的傾向。一般說來，由於不善於和人交際，所以喜歡和少數知道性情的朋友交往。

由於缺乏交際的禮儀和對對方的關懷，所以會經常和朋友產生摩擦。或許由於有和比較短命的人交往的緣份，似乎更加助長了孤獨的影子。

Saturn

雖然婚姻多是晚婚型的，但卻是幸運的傾向。而且婚姻生活可能是提昇你的靈魂進化重要的因素。

而且會置於中傷、責難、絕交、背叛之類的不幸狀況中。和所謂的「虐待狂」結識。特別是由於年輕時能了解你的人很少，所以或許會過著痛苦的日子。

但是自中年以後，人際關係開始一帆風順，所以在那之前的忍耐是很重要的。這是種試驗，在這種嚴酷的境遇中能自我考驗。

而且，應該會和好幾次帶給自己豐富多采經驗的機會的人結識。來邀約旅行、或在工作、興趣上為自己介紹多采多姿世界的朋友，在擴展狹窄的視野及性靈的提昇上很有貢獻。另外，和藝術有關的朋友而且是有樂觀想法的友人，能帶給你所欠缺的「共鳴」和「統合」的美德影響的人交往的可能性很高。

太陽——活性加克拉

有擁有較多的朋友的傾向，但因只是表面的交往，似乎很難形成從心底彼此交流的人際關係。姑且不論寧可麻煩的原因會有形成人際關係的傾向。由於那原因很多是因為你的放肆而生的，所以改過任性，細膩地培養體貼的「共鳴」的美德，是你所持有的人際關係的目的。

有和智慧型的又很冷靜的人結識的傾向，那種人會提供你堂堂正正的意見和做從事各種經驗的邀約。所以會有煩膩的感覺，但那在給予你所缺乏的「分析」的美德的影響力，意義上是有益的人際關係。

＜戀愛與婚姻＞

由於你為使戀愛順利成熟，首先必須留意使其成為自然而然地。而且要放棄多餘的虛榮和驕傲。以坦率的行動，或許更有戀愛的機會造訪。

你所碰到的對象，似乎是兼有開朗活潑的個性和堅定信念的人。戀愛及家庭生活的危機，是因你採取傲慢威迫的態度，及因冷淡又欠缺對對方細膩的關懷所引起的可能性很高。對你來說，待人關係應該會成為人生的重點，所以首先使家庭美滿是很重要的。由於可見所謂的內部不和，所以必須十分的注意。

金星

活性加克拉

一般來說，似乎和比較富裕的人有緣，但不一定會受到那些人的恩惠。而且，和藝術相關的人很有緣亦是特徵之一。但也很容易產生摩擦。而且，會碰到很多來向你尋求援助的人。或許有很多是來向你請求經濟或心理之類援助的不幸之人。

你可能會成爲慈善家，也可能是貪婪的吝嗇鬼，但你的靈魂似乎會自我評判那樣的試練。而且，會有知性而又活躍的人出現，來邀你從事各種不同的經驗，他會帶給你，你所缺乏的「統合」和「分析」的美德影響，常是種良好的人際關係。

＜戀愛與婚姻＞

為使你的戀愛順利成熟，要樂觀地但切勿急躁，以自己的步調去接近異性。「如果被甩了怎麼辦？」這種恐懼感將成為你的障礙。為此常有尚未說到結局就結束的傾向。

只是，看來你有必須經驗好幾次失戀的命運。但那是為了迎接早晚會來訪的幸福的戀愛或婚姻生活所必然的經歷。如果不經歷這些挫折就貿然實行婚姻生活，將來你複雜的個性有可能會成為一種障礙。

你所碰到的對象會是聰敏又感情至深的人，一般說來能過著得天獨厚的生活。

只是必須注意，千萬不要隨便責備對方些微的缺點或是性急地爆發你的脾氣。

月球——活性加克拉

雖然有和社會地位高的人及藝術、文藝界或是宗教界人士認識的機會，但與人之間的交際卻不像那樣活潑。但是，人際關係對你性靈的提昇非常重要。由於稍微易受他人的影響，因此在能克制之前對人的選擇最好是三思而行。

雖然有在表面上和誰都合得來的個性，但內心的好惡似乎很激烈。世界常是狹窄的你，可能會遇到帶來寬廣視野的人。會有穩重保守的交往或者激烈鬥爭的人際關係傾向。如是後者就將是場考驗，似乎有發揮自我控制的「意志」的美德這樣的目的。

＜戀愛與婚姻＞

在戀愛和婚姻中有一帆風順、得天獨厚的人，和屢受挫折這兩種極端不同的傾向。你人生的幸福無論是任何時候都受到對象大大地左右著，所以審慎行事是很重要的。可是對於啼笑皆非的事情，也過份認真的話，也可能成為讓戀愛的機會錯失的原因。

因此你所必須採取的態度是，稍微放鬆想要一下子就獲得戀人的心情，要毫無企圖的接近對方，並留心、親切的行事。而且必須改掉你的不定性情，經常展現溫柔的笑顏是很重要的。這也是為提昇你的性靈，一種良好的學習。如此就可結成懇切又可靠的緣份，過幸福婚姻生活的可能性也隨之昇高。

水星
活性加克拉

會有和豐富多采的人們結識的機會。但是也因為摩擦常常不能使友誼長久。究其原因，主要是因為你強烈又挖苦的批評精神。

主要是和知識水準較高的人或藝術、宗教、神祕學及心靈科學界的人結緣。和他們交往雖有助益，但也不可過於輕心，還是有須要留意的人。而且，和外國人也有緣。或者因為援助的目的，和貧窮、不幸的人或許也有許多接觸的機會。

那時，即是考驗你對對方的犧牲程度。你也許會與既纖細又柔和的人物相遇，你所欠缺的感情均衡——「調和」的德性，他能給予你有益的影響。

〈戀愛與結婚〉

對你而言，戀愛或婚姻生活能影響你靈魂的提昇。雖然你常有較激烈的性格，但也由於如此，漸漸的將你磨圓，使性格柔和，這是所隱藏的目的。另外，由同伴給予你工作或人生方面的大貢獻，這也是特徵之一。為了能保有戀愛或婚姻生活的和諧，有幾個障礙必須超越不可。但是如果無法跨越這些障礙，那麼婚姻生活可能會亮起紅燈。

你的對象是溫柔且理智的人。為了能常久保持圓滿關係，你必須注意，不要吹毛求疵於對方的缺點，經常維持心情上的體貼，這樣才能地久天長。

木星—活性加克拉

雖然有認識許多人的機會，但偏向與具有專門性知識的友人交往。他們雖能成為你的好友，可能也會成為你競爭的對手。維持距離，這是對互相求進步而有益。但是就競爭而競爭，這會妨礙靈魂的提升。

愛你的人多，而憎恨你的人也不少。但是，如果對憎恨你的人稍做努力，也許會帶來好運。對你強烈個性給予溫和包容性和理解的人會出現，因此，有必要向此人學習感情一事。原因是此人能影響你所欠缺的德性——「調和」。

〈戀愛與結婚〉

戀愛機會較多。如果沒有對象時，也會因交際範圍的廣大，而招來機會。但問題是，由戀愛所產生的問題，也是屢見不鮮。有時，此種戀愛關係是反社會、反傳統的行為。所以必須發揮自制心及理性，來防範未然。

你的相遇對象是傾向較廣泛、較多采多姿，所以特定是困難。基本上，對方是既有智慧且幽默的人，不然就是充滿危險魅力的人，避免與後者交往是比較安全。無論是戀愛或婚姻生活，是否能順利，這必須視你感情的穩定度及自制心而定。

根本加克拉　太陽

屬於此星座的人，擁有與較多且卓越的人交往的能力。而且，能建立相當多采的人際關係。一般而言，與社會地位較高的人或較富裕的人，其之間的緣份較厚，

SUN

並且，能受到他們許多的援助。

你能召集順從的人來做你的部屬，對持反對意見的人抱有敵意的傾向。因此，你對敵人和朋友的區分是很明顯的。但是，也許這反對你的人中有能幫助你提升靈魂的人存在呢！對於只盲目讚賞自己意見的追隨者，大概無法矯正常常狂信的你的缺點吧！

經常會有較理性、冷靜的人物出現，坦率的表達自己的意見。其結果，你可能因為不愉快，而遠離此人。但是，正因為此人的存在，才能促使你靈魂進化，並給予正面影響。如此，能從各種角度，並以冷靜態度，面對事物，這樣的德性——「分析」才能漸漸培養成功。

另外，或許會與以你看來是具女性敏感心情的人相逢，也許你會感覺到此人與你是完全不同典型的人，不過，只要你努力與此人做深入交往，他能給予你所缺少的纖細感受性——「共鳴」之德性正面的影響。這種關係是很重要的。

金星——活性加克拉

給予你年輕時即能出人頭地的機會的年長人物會出現。人生全盤而言，與富裕且具社會地位的人或藝術方面的人，其緣份有較深之傾向。但散播愛心的慈善行動時，會遇到許多無法施惠於你的人們。這些人當中有人會給你愛，但忘恩或背叛你的人也會出現。但是，這乃是培養你無私之愛的一種試驗。

擔任指揮者，擁有許多的部屬。為了得到感情上的滿足，而與人交往時，會對具客觀且冷靜的人物產生反感。但是此人物對你所欠缺——「分析」之德性，是有正面影響力的。

＜戀愛與結婚＞

有受惠於戀愛或婚姻的傾向。當然多少會歷經失戀，但也由於如此，你會與更出色的對象相逢。因興趣而相識，最初是以朋友開始交往，而逐漸發展成為愛情。依據結婚對象的不同，而經濟方面也會有所改變。

對方為溫柔且開朗，或是認真有為的青年，此二種可能性較高。婚姻生活大致良好，但傾向於將不滿藏在心中，所以常會有任性、暴君似的態度出現於家庭中。為了維持圓滿的婚姻關係，必須注意將性急減低，並不要依據感情而行動等。

月球——活性加克拉

和藝術或宗教、神秘方面有關係的人物相遇的可能性較大，並且會受到極深遠的影響。另外，你與「自然」的緣份有較深的傾向。也許你會住在富於自然的環境中，且能獲得來自自然的靈感。當然，如此一來，你與自然有關的人物的緣份自然就深了。自然能帶來對你靈魂提升有莫大的幫助。

擁有部屬時，能傾聽反對你的意見及忠言是很重要的。好惡的感情很強烈，努力於喜歡人，也許能帶來好運。他們能夠對你所欠缺的冷靜理智的德性——「分析」及現實的考慮——「忍耐」的德性，給予正面影響力。

＜戀愛與結婚＞

戀愛或結婚完全無煩惱，及許多障礙的二種極端情況出現。後者的情形是由於性格的不穩定所造成的，如果能改正即能建立良好的關係。對戀愛最好避免鑽牛角尖，應以更輕鬆面對較好。由於依照對象，會對你今後人生有重大影響，所以急躁是禁物。

對象是乖巧且順從的人。為了使婚姻生活美滿，必須克服心理的不安定性，並緩和對對方佔有慾的強度。還有，可能會出現較罕見，性方面的變態者。如果感覺他是此類，應立刻解決兩人之間的感情。

水星——活性加克拉

以知識性的人物為中心，與科學、藝術或文藝、神秘方面的人物之緣份較深。在此所遇見的人，韋且不論愉快或不愉快，這些皆能提升你靈魂的成長。因為興趣而結識具社會地位或知名度較高的人物，這樣的機會不少，你或許能從他們那兒獲得有益的援助。

雖能很快交到朋友，但卻也很快就分離。有少數深交的朋友，並能從他們那獲得很大的幫助。偶而有傾向自我孤獨的趨勢。應珍惜能給你不拘小節的感情的人。因為此人能影響你所欠缺的德性——「調和」的培養性。

＜戀愛與結婚＞

具有引起異性注意的魅力，但由於冷淡或死板的印象，所以也許會使戀愛受到障礙。而且，你對對方的缺點也觀察敏銳，這也是你無法真正有戀愛感情的原因。放棄較嚴格的想法，以朋友的方式交往即可。你只須發揮你幽默的潛質就可以了。

對方可能是清純或誠實有為的人。為了使婚姻生活圓滿長久，對於對方的缺點儘量不要太神經質，且培養感情的穩定性是必要的。

木星—活性加克拉

與多采之人的緣份傾向較深遠，但會誘惑你至不好慾望的朋友，應小心注意。特別留意賭博是禁物。壞朋友的引誘是一種考驗，是為了培養對慾望的自制心。另外，可能會與上司或權力者產生敵對關係，只要是以單純動機行動，那麼對任何人際關係皆有幫助。

你需援助時，也許有很多的人前來幫助。這是試驗你能以多少的誠意來應對。與宗教或哲學有關的人物之緣份較深，應能成為有益的交往。與認真、慎重且老實的人來往，也許能給予你所欠缺的德性——「調和」一些富於正面的影響。

〈戀愛與結婚〉

有受惠於戀愛或婚姻生活的傾向。但是如果太超過可能會自滿或是放縱感官慾望，這樣一來，馬上會受到強烈的報復行動。

戀愛的機會比較多。如果沒有對象，那麼自己必須擁有自信，創造機會。但最重要的是，慎選對象。只是做愉快的表面交際，那無法得到回報，且有傾向交往壽命較短的趨勢。

你可能會與各式各樣的人相遇，但具有冷靜精神的人較適合你。為了持續美滿的婚姻生活，應以稍許的神經質，來改正急躁或不好的缺點，這樣就不會引起問題了。

金星

根本加克拉

和你相遇的人物較偏向高尚且具有社會地位或藝術關係的深厚之人們。或者是農業、園藝等與自然淵源較深的人物。和以上所提的人們交往，能使你的長處更加發揮。

另一方面，與世俗放蕩的浪子或以性為目的的異性，有著較深遠的緣份。當你和這樣的人相遇時，到底會受其誘惑，或者堅定保持節操，這是靈魂對你的考驗。另外，與短命或背叛自己的人，有著較深緣份的傾向。因此，可能會感覺到失意在人際關係方面。對你的愛情或善意給予淺薄的感謝，無法十分回報的人物會出現。但是，這也是一種考驗，不期待回報的無私之愛，必須學習。

經常會和不冷靜且愛說話的人物相遇。由於他們愛好旅行且具多方興趣，也許能給予你各種不同新鮮的經驗，因此，你的生活步調會被擾亂，也許你會有很煩悶的感覺，但是，這是能影響你所欠缺的德性「分析」和「統合」之良好人際關係。

月球——活性加克拉

人際關係相當活躍。特別傾向於與知識教養較高的人交往。與活躍在藝術或神秘方面的人物相逢，並受其莫大的影響。年輕時苦於所謂的「欺負人的小孩」的事很多。這是培養忍耐的最好機會。因為成人之後的敵人恐怕不少。

事先安排如此敵對關係，大概也是考驗吧！以暴力報復，或以和平手段解決，

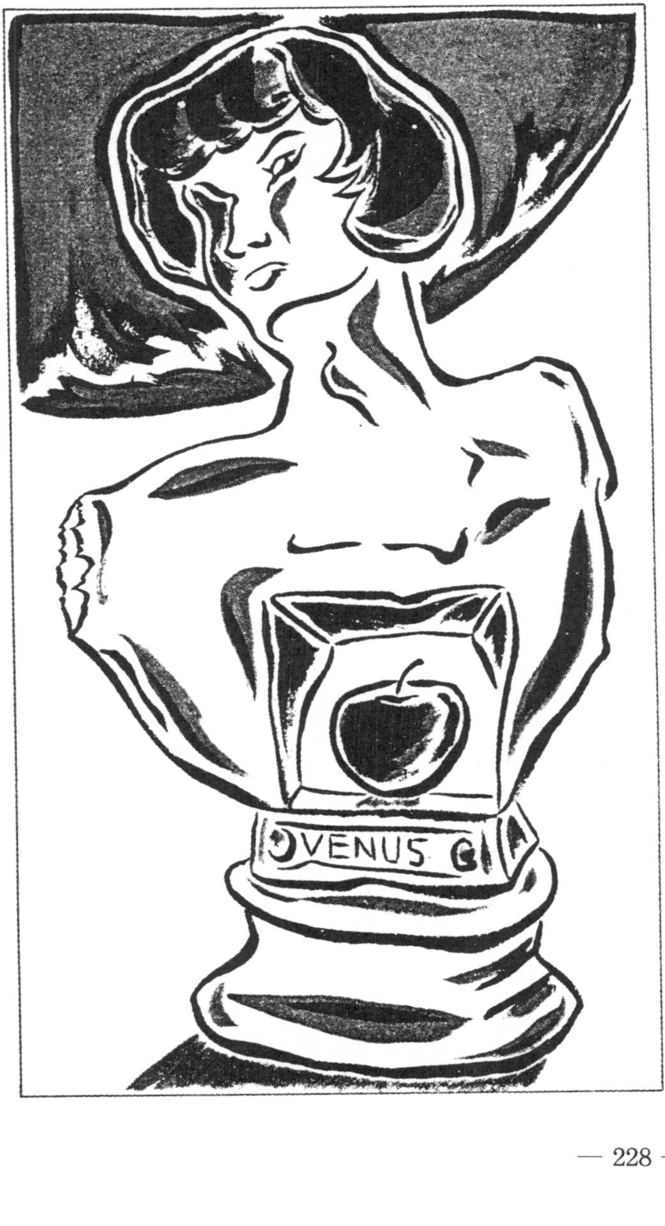
VENUS

木星—活性加克拉

與知識性較活躍的人的相遇機會可能性較高，和他們的交往也會成為有意義。另外，與藝術關係的人的交際較頻繁。援助你的友人或幫助者，會大量出現。另一方面，你必須注意會引誘你追求感官上快樂的朋友。

特別留意飲酒或異性等問題。因為那是考驗的可能性相當高。置身於那樣的狀況下，是否能控制好自己，這是考驗所在。

如果精神上抱持朝向高尚理想而努力，將可能遇到給予你極好影響的人物。樸素且勤勉的友人，將會給你「忍耐」的德性，有莫大的影響。

＜戀愛與結婚＞

基本上來說，傾向於受惠戀愛或結婚，但是有幾個障礙你必須超越。由於急躁和性急，或是缺乏對感覺慾望的自制心，如果很明顯時，那麼可能會危及到你們之間的關係。另外，有時由於對工作的狂熱，而常常會遠離戀愛或結婚的緣份。

但無論如何，你的想法有逐漸受戀愛左右的傾向出現。只要有強烈意志，就能捉住戀愛機會。

對象為知識性的且精神較開放的人，一點都不會死板，是較明朗的性格的可能性較高。為了能長久維持婚姻的美滿，儘量使急躁面和稍許嚴肅面都能化為柔軟，這是最重要的事。

月球

根本加克拉

有結識社會地位較高或著名人士的緣份，並從那兒獲得有益的影響。只是，因為你很容易受人影響，所以最好慎選交往對象。另外，與藝術關係的人也有緣份，但是可能形成因爭執而變為敵對關係。由於和喜怒哀樂較明顯的人交往或者分離，這樣的事常發生，如果是以吵架收場，那麼可能你以後必須遭遇外來的中傷或強烈的責難。

另外，你與宗教或神秘世界的關係較密切，可能從他們那兒得到有益的影響，但也有受到有害影響的可能。你和文藝方面的人物，或者與水有關聯的人，其緣份

MOON

有較深之傾向。

如果出現支配你的人，那是一種考驗。你必須拋棄你的依賴心，至最後都應該以獨立的立場，來主張自己的意見。

經常會與非常理性且具實際看法的人相逢。或者是和強烈積極，從你看來也許覺得是厚臉皮且野蠻想法的人相遇。大概你對此人完全沒有興趣，甚至會起反感，但是此人卻擁有你所缺欠的「忍耐」和「意志」二種德性。

水星—活性加克拉

與科學、文藝、藝術或宗教等，任何分野的人物，相遇傾向較明顯。當然從他們那兒能獲得有益的啟示，但爭執也是不少。由此種煩惱來訓練如何控制自己的不安定心理，如此一來，對你的人際關係有莫大幫助。

可是，由於你極易受周圍事物、人之影響，所以應注意不好的人們。如果不得不一起過生活時，那便是考驗之一。透過如此情況，試驗自己是否能貫徹堅定的意志。與能貫徹信念的人交往，能有益培養且影響「意志」之德性。

〈戀愛與結婚〉

戀愛或結婚對象找不到時，最大的原因便是消極情緒。以等待的心，等對方來尋你，因為有這樣的傾向，所以緣份愈來愈薄。因此，透過興趣製造認識機會，這是很重要的。由於你的魅力是纖細的心情，將它展現是須花較多時間適應，所以最好早做心理準備。

對方可能是多采多姿的典型，雖然非常活潑的人也是不錯，但還是擁有和自己個性相同的人，比較合適。為了使婚姻生活美滿長久，最好儘量使自己的心理狀態穩定，不要太神經質，這樣才好。

木星 活性加克拉

與社會地位高的人之交往較密切。但不一定只受到好影響。全盤而言，會結識知識性方面，或精神方面的人物的傾向較明顯。這種場合受到的影響大都是好的。另外，有時也會面臨敵對的人際關係。與無法受惠於慈善或福祉等活動之人們的接觸較普通。此時正是考驗你能付出多少無私之愛。

一方面，誘惑你的朋友也會出現。這也是考驗之一，試試你是否能嚴格控制自己的慾望。與嚴以律己的人交往，則有益於你培養「忍耐」的德性，並給予正面的影響。

＜戀愛與結婚＞

得天獨厚的戀愛或結婚機會。如果是不能順利找到對象時，可能是由於其理想太高，或根本不知道自己喜歡何種典型所致。必須將自己的心情整理好。為了能順利交友，最好能以友情為基礎，漸漸再發展成愛情，這樣是最穩固的一種作法。

對象為知識性且溫柔的可能性較高。為了使婚姻生活持續且美滿，必須將急躁或神經質的一面改正，使感情安定，這才是最重要的。另外，兩人擁有一個遠大目標，且朝著目標努力，這也是培養互相的協調性，最好的辦法之一。

後序——

就如同本書中一再強調，人是為了靈魂的進化，而轉世到人間。靈魂的進化常被誤解為，超能力附身或離開世間的言行舉動。

靈魂的進化，其外觀是平凡且普通，適合日常之社會生活，且不是污染不好之事，是生存在純真爛漫的狀態下所進行的。

因為了如此靈魂的進化，我們本身的魂魄，已先立定在世間的命運。所以，在這世上所有的命運及考驗，或與人之相逢等事，完全不是偶然，而是有意義的。我們應將書上的解說，詳細閱讀，並加以活用，需知道如果逃避考驗，那將會妨礙我們靈魂的進化。

占卜一事，並不是單單用於逃避痛苦，或得到世俗快樂。占卜的真意是在於面對痛苦或考驗，勇敢挑戰並克服等的智慧或勇氣。

在這充滿辛苦及考驗的地球上，根據給予我們的關心，體貼的安慰、鼓勵等，能夠促進我們靈魂的成長。

那是自然的美妙。

夕陽西沉時既莊嚴又絕妙的色彩，森林和湖所迸出的清涼之感，河川水靈靈之感，無法言語的海之深遠，嬌艷的花朵和小鳥的私語，這些景色透過我們的五官，注入精神面，能留下非常美妙的印象。

美麗的自然景色，所留下的印象，對於我們靈魂的活性化有著莫大作用。因為自然之美能反映出魂魄之美。這就是至古以來，聖者皆在深山修行的主要原因了。如此美麗的大自然，除了地球以外的任何天體上是無法看見的。

最近環保問題也常被深入議論著，破壞像這麼美的大自然，對靈魂提升也是具致命性的。

古今東西，大概有不少人由於得到大自然的安慰，而產生活下去的勇氣吧！以嚴厲手段迫使靈魂進化的人間裡，只有愛與自然是最溫柔的，並引導我們向前的原動力。

歡迎至本公司購買書籍

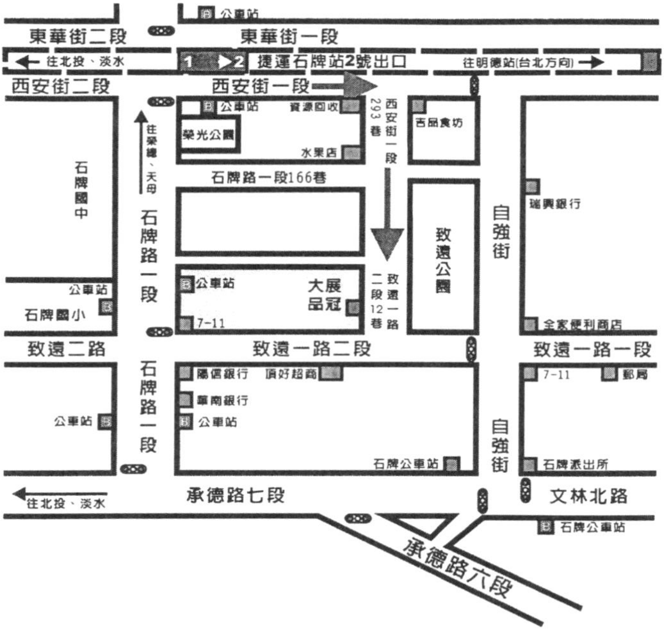

建議路線

1.搭乘捷運・公車

淡水線石牌站下車，由石牌捷運站２號出口出站(出站後靠右邊)，沿著捷運高架往台北方向走(往明德站方向)，其街名為西安街，約走100公尺(勿超過紅綠燈)，由西安街一段293巷進來(巷口有一公車站牌，站名為自強街口)，本公司位於致遠公園對面。搭公車者請於石牌站(石牌派出所)下車，走進自強街，遇致遠路口左轉，右手邊第一條巷子即為本社位置。

2.自行開車或騎車

由承德路接石牌路，看到陽信銀行右轉，此條即為致遠一路二段，在遇到自強街(紅綠燈)前的巷子(致遠公園)左轉，即可看到本公司招牌。

國家圖書館出版品預行編目資料

轉世、前世占卜／劉名揚 編譯

一初版一臺北市，大展，2015【民 104.12】

面；21 公分一（宗教・數術；2）

ISBN 978-986-346-092-3（平裝）

1. 占星術

292.22　　　　104020581

轉世、前世占卜

編 譯 者／劉 名 揚
責任編輯／朱 明 慧
發 行 人／蔡 森 明
出 版 者／大展出版社有限公司
社　　址／台北市北投區（石牌）致遠一路 2 段 12 巷 1 號
電　　話／(02) 28236031・28236033・28233123
傳　　真／(02) 28272069
郵政劃撥／01669551
網　　址／www.dah-jaan.com.tw
E-mail／service@dah-jaan.com.tw
登 記 證／局版臺業字第 2171 號
承 印 者／傳興印刷有限公司
裝　　訂／眾友企業公司
排 版 者／千兵企業有限公司
初版1刷／2015 年（民 104 年）12 月　　定價／240 元

大展好書　好書大展
品嘗好書　冠群可期

大展好書　好書大展
品嘗好書　冠群可期